CORPS ET EXTASE

Les techniques corporelles de l'extase

OUVRAGES DU MÊME AUTEUR :

Le nu et le vêtement, Éditions Universitaires, 1972 et 1975 (épuisé).

Psychologie de la mode, PUF, 1979 et 1984, trad. japonaise, espagnole, italienne, chinoise (épuisé).

La maîtrise des rêves, Éditions Universitaires, 1983.

Vivre nu, psychosociologie du naturisme, Édit. Trismégiste, 1987.

La psychologie du corps :

1. *Ce corps haï et adoré*, Éditions Tchou/Sand, 1988.
2. *L'invention du corps*, PUF, 1986.
3. *Le langage du corps et la communication corporelle*, PUF, 1989, trad. espagnole.
4. *Corps et psyché*, Épi/Hommes et Perspectives, 1992.
5. *Corps et extase*, Éditions Trédaniel, 1992.
6. *La nouvelle psychologie* (à paraître).

Collection psychologie transpersonnelle

1. *Qu'est-ce que le Transpersonnel ?* Édit. Trismégiste, 1987 (avec Alfillé et Nicolescu).
2. *La révolution transpersonnelle des rêves*, Édit. Trismégiste (avec Christian Boucher et Pierre Weil).
3. *L'amour transpersonnel*, Édit. Trismégiste, 1989 (avec M.-M. Davy et de Vitray-Meyerovitch).
4. *Les psychothérapies transpersonnelles*, Édit. Trismégiste, 1990 (avec Jean Cazenave et A.-M. Filliozat).
5. *Mystique et Transpersonnel*, Édit. Trismégiste, 1991 (avec Andrès, Leloup, Pir Vilayat, Tarchin).
6. *Art et créativité*, Édit. Trismégiste, 1991 (avec René Huyghe et Jacques Donnars).

MARC-ALAIN DESCAMPS

CORPS ET EXTASE

GUY TRÉDANIEL ÉDITEUR
76, rue Claude-Bernard
75005 PARIS

ISBN : 2-85707-516-2

« L'émotion la plus magnifique et la plus profonde que nous puissions éprouver est la sensation mystique.

Là est le germe de toute science véritable.

Celui à qui cette émotion est étrangère,
qui ne sait plus être saisi d'admiration
ni éperdu d'extase
est un homme mort. »

Albert EINSTEIN.

INTRODUCTION

Tout le monde voudrait bien accéder à l'extase. Mais on ne sait pas comment faire. Alors on se contente du sexe ou de l'alcool, on se grise de vitesse, quand on ne tombe pas dans la drogue. Justement, l'engouement de la drogue chez les jeunes révèle ce besoin actuel d'explorer l'univers intérieur et d'y trouver d'autres états de conscience. Déçus par les religions traditionnelles, les jeunes manifestent ainsi, au prix de leur vie, leur soif d'absolu.

L'extase a toujours, en Occident, été présentée comme rare et difficile. Elle était réservée à quelques religieux, qui ne l'obtenaient qu'au prix d'une vie de continence absolue, d'ascétisme et de macérations de leur corps. On a toujours considéré dans notre civilisation que le corps ne pouvait pas mener à Dieu, qu'il était bas, sale et impur. Il convenait donc de le brimer, de le contraindre et de le réduire. La vie des saints est riche de toutes les tortures qu'ils ont fait subir à leur corps. En 1968, s'est établie une révolution du corps, mais on n'a voulu y voir qu'une contre-culture anarchiste fondée sur la libération des pulsions.

La véritable révolution est dans la rencontre de l'Orient et de l'Occident. L'Orient prend notre technique, notre hygiène et notre confort ; en échange il nous donne ses valeurs spirituelles et ses techniques corporelles de l'extase. Notre monde occidental est en pleine mutation et l'on voit apparaître une résurgence de la spiritualité et un intérêt nouveau pour la vie intérieure, la méditation, les états non-ordinaires de conscience... La psychologie transpersonnelle étudie maintenant les diverses formes de la mutation intérieure.

Il ne s'agit pas de revenir aux religions traditionnelles, mais, en les comparant, de trouver les techniques efficaces qu'elles emploient sans s'en rendre compte. L'expérience intérieure passe ainsi de la religion à la psychologie et de nombreuses méthodes nouvelles ont vu le jour (sophrologie, Arica, illumination intensive, *Silva Mind Control, out of body experience...*).

Ce livre de psychologie transpersonnelle n'étudie donc pas le monde immense des religions (judaïsme, christianisme, islam, hindouisme, bouddhisme...). Il s'occupe plutôt des voies parallèles qui intéressent l'Occident et s'y diffusent : chamanisme, yoga, zen, hara, soufisme... Et même dans ces voies il ne recherche pas leurs méthodes spirituelles mais uniquement leurs techniques corporelles de l'extase.

Le 17 mai 1934 Marcel Mauss écrivait : « Je crois que précisément il y a, même au fond de tous nos états mystiques, des techniques du corps qui n'ont pas été étudiées, et qui furent parfaitement étudiées par la Chine et l'Inde, dès les époques très anciennes. Cette étude socio-psycho-biologique de la mystique doit être faite. Je pense qu'il y a nécessairement des moyens biologiques d'entrer en “communication avec le Dieu”. »

Cette demande nous a paru la plus importante parmi celles faites par Mauss et nous lui avons consacré de nombreuses recherches et enquêtes. Et il nous est apparu que sa remarque était exacte. Dans chaque voie mystique, il y a des techniques corporelles. Elles ont des rôles divers : essentiels, centraux, accessoires. Le plus souvent elles sont faites en passant, sans que l'on s'en rende compte. Tout l'accent est mis sur des prescriptions mentales. Le problème est de savoir ce qui est efficace et ce qui déclenche l'extase. Maintenant que l'on a redécouvert le corps, les auteurs leur attachent la plus grande importance, mais autrefois, les acteurs les pratiquaient implicitement, leur attention étant fixée ailleurs.

Dès que nous avons commencé, il y a plus de trente ans, l'étude de la mystique comparée, notre première découverte a été la disparité entre la théorie et la pratique. Dans toutes les présentations tout l'accent est mis sur la théorie : le nom du dieu ou des esprits, les dogmes, la théologie, la doctrine religieuse, etc. En réalité, cela n'a que peu d'importance. Toutes les techniques fonctionnent, quel que soit le nom que l'on invoque. Dans chaque tradition il y a des saints, des mystiques, des extases, des miracles, des guérisons... Donc le nom et la religion ne servent à rien. Ce n'est pas ce que dit une bouche qui compte, mais le fait qu'elle parle, que son cœur s'émeuve, que sa respiration se modifie ainsi que ses perceptions sensorielles. C'est ce que fait le corps qui est important. Le corps doit être tenu pour un moyen de libération individuelle et collective. Cela est nouveau et fait passer l'extase de la religion à la psychologie. La religion n'a plus qu'une valeur sociale : elle inspire au bien et aide la population à pratiquer la morale qui est absolument indispensable pour vivre en commun. Par contre, la religion mène très rarement à la mystique et à l'extase. C'est une institution sociale et l'extase reste une aventure individuelle.

C'est pour cela que nous avons préféré le terme « techniques corporelles de l'extase » à « psychosomatique du sacré ». L'extase est une expérience corporelle. Le terme grec d'*ektasis* signifie être hors de soi et désigne donc le vol de l'âme hors du corps. Mais il était utilisé dans un contexte de trouble et d'égarement et n'avait pas le côté bonheur infini, béatitude, accomplissement total de son être qu'il a en français.

D'un strict point de vue comportementaliste le signe distinctif de l'extase est que le corps s'immobilise, se fige pendant quelques heures à quelques jours, qu'il ne s'agit ni d'un sommeil ni d'un coma, puisqu'il se réanime et raconte parfois des histoires, avec réticence ou non. Mais il est bien entendu que ces récits ne sont pas indépendants du système de croyances de l'individu et participent à l'inconscient culturel. Ce avec quoi la personne dit avoir été en relation ce sont les grandes images-forces de son peuple et de sa région. Donc, il s'agit de sa mise en communication avec ses conceptions du sacré selon ses situations. En préférant le terme extase à celui de sacré, nous cherchons à nous centrer sur les mécanismes psychosomatiques et non sur le système idéologique.

Cependant, les deux ne sont pas totalement séparables. Et il faut bien reconnaître que la valeur du corps vient essentiellement de sa relation au sacré. Si le corps conduit à l'expérience du sacré, s'il est utilisé et magnifié par la religion, il est valorisé dans son essence même. Il peut alors dans cette culture être traité très durement (avec des incisions et des mutilations...) mais il est toujours conçu comme bon, puisqu'il mène à des expériences mystiques. Et c'est justement parce qu'il n'avait pas ce rôle dans la religion chrétienne qu'il a été dévalorisé, comme cela a été étudié dans *Ce corps haï et adoré*. Ce livre-ci constitue le tome V de *La Psychose du corps* et vient après l'étude de la haine du corps, puis de son invention et de sa réhabilitation, du langage du corps et de la communication corporelle, et enfin des psychothérapies par le corps.

Il présente cette découverte : il existe des techniques corporelles de l'extase. Et il s'agit d'une découverte essentielle, car elle répond au grand espoir de l'Occident : LE SALUT PAR LE CORPS. Il faut trouver comment le corps humain ouvre l'accès au monde du sacré. Pour cela il convient d'étudier les différentes voies pour voir si leur diversité ne recouvre pas une structure commune.

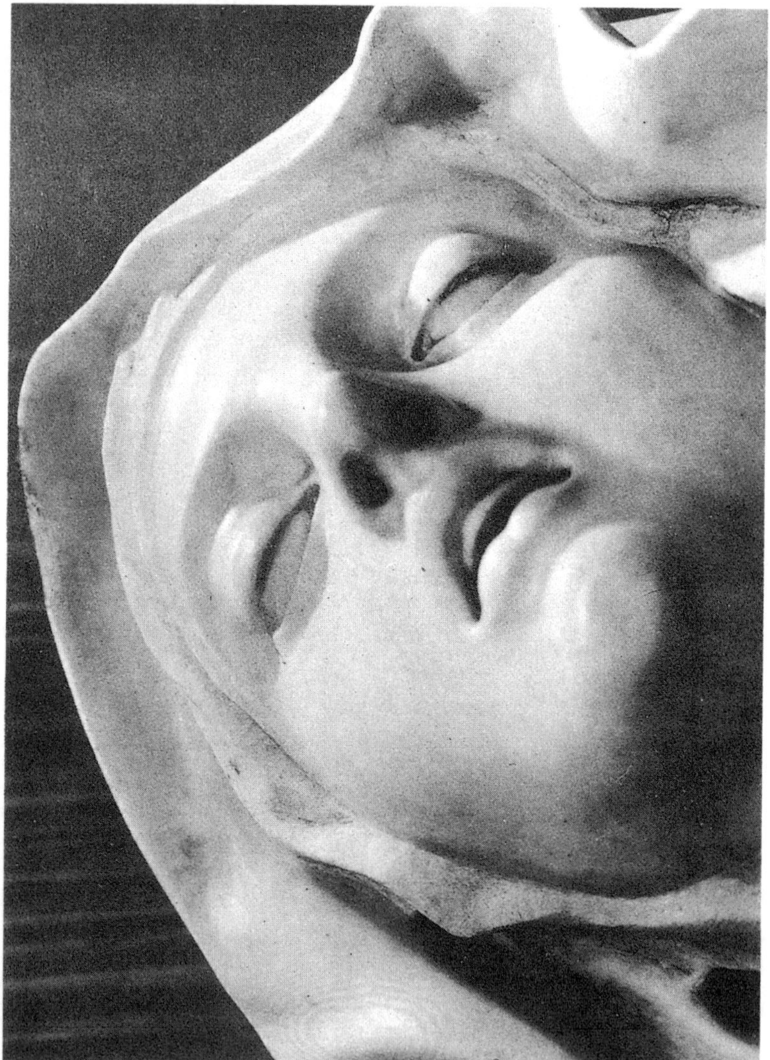

CHAPITRE I

LE CHAMANISME

A. Le chamanisme sibérien

Le chamanisme doit être compris, selon l'expression de Mircéa Eliade, comme l'ensemble des techniques archaïques de l'extase. Son centre se trouve sur le plateau altaïque, en Sibérie et dans le Nord de l'Asie. Le terme vient du tongouse, shaman. Là, l'expérience extatique est l'expérience religieuse par excellence. Il n'y a pas (ou peu) de religion rituelle et le chaman est le grand maître de l'extase. Mais on a aussi observé ce phénomène en Indonésie, en Océanie, chez les Indiens d'Amérique du Nord. Il a été aussi étendu aux cultes africains, d'Afrique et des Amériques, avec leur particularité de la transe et de la possession par les esprits. Mais, originellement le chaman communique avec les morts, les démons et les esprits de la nature, sans être possédé par eux. Il enclenche le processus par la solitude, il aime flâner dans les bois, il chante pendant son sommeil et a des visions et des songes initiatiques. Sa crise nous paraît proche de la folie ou de l'hystérie, mais guérie, résolue, dominée. Ses caractéristiques sont la maîtrise du feu, la guérison chamanique et le vol magique. Le corps du chaman s'immobilise et reste de trois à neuf jours sans manger, pendant que son âme, quittant le corps, voyage à travers des descentes infernales et des ascensions célestes. Particulièrement l'initiatique du vol magique se caractérise par la création d'un nouveau corps. Le chaman vit un morcellement de son corps, ses yeux sont arrachés, sa chair raclée, ses os nettoyés, ses liquides corporels expulsés... Puis cette mort initiatique est suivie d'une renaissance où il reçoit un sang frais et une chair neuve. Il a un nouveau corps qui lui permet désormais de rencontrer les esprits.

Les techniques corporelles pour atteindre cet état sont assez frustes (ou encore mal connues). Chez les Bouriates, on fixe un bouleau dans la yourte, ses racines sont enterrées dans l'âtre et ses branches sortent par le trou de fumée, puis le chaman, souvent une épée à la main, grimpe par le trou de fumée au sommet de cet arbre et y rencontre les esprits. Il semble que l'essentiel de cette rencontre soit dû à l'absorption de drogues. Elles sont fort diverses selon les peuples, et l'on peut énumérer le chang, le haschich, le kat, l'opium, la coca, le yagé, le huanto, le peyotl, le muchamore, l'iboga, le yohimbé, la datura, le haricot rouge, le psilocybe, l'ololiuqui, le tabac, etc. Pour les habitants de la taïga sibérienne, il s'agit d'un champignon, l'amanite tue-mouche (*amanita muscaria*) qui pousse au pied des bouleaux. Les religions apparaissent comme des cultes rendus aux potions magiques. Le Rig-Véda comprend cent vingt hymnes consacrés au Soma, la boisson d'immortalité : il correspond au haoma du Zend-Avesta des Perses. Les dieux grecs se nourrissaient de nectar et d'ambroisie, qui leur conféraient l'immortalité. Et les initiés des Mystères d'Eleusis ou d'Asklepios buvaient une boisson hallucinogène, le kykleion. Il est possible que tous ces Aryens aient gardé le souvenir et pendant un temps la pratique de leur pays d'origine, qui s'est, par la suite, affaiblie et perdue.

Cependant, nous avons des indications sur les autres

techniques corporelles du chaman à travers sa vocation, sa crise et son initiation. Sont destinés à être des chamans, les enfants « nés avec leur chemise » (membranes embryonnaires : l'amnios et le chorion), infirmes de naissance, les individus touchés par la foudre, ou par une météorite, mordus par un serpent, tombés d'un arbre... Pour d'autres, leur vocation est décidée par un rêve ou songe, une apparition, l'éveil d'une lumière intérieure... Pendant la crise il s'enfuit dans la forêt se nourrissant d'écorces d'arbres ou d'animaux capturés avec les dents. Les épreuves de l'initiation comportent, avec la mort rituelle, de nombreuses techniques corporelles. Il vit le morcellement de son corps pour pouvoir « renaître de ses os ». À chaque partie de son corps que son maître enlève magiquement pour la nettoyer, il lui crache dans la bouche et il doit à chaque fois avaler le crachat. Il doit boire du sang animal, savoir imiter parfaitement tous les cris des animaux. Il utilise un masque et un tambour pour changer de plan de conscience et attirer les esprits. Il peut sauter en l'air, se couper avec des couteaux, avaler des braises et des bâtons sans dommages. En Mandchourie, l'apprenti chaman doit nager sous la croûte de glace : on pratique deux trous à dix mètres environ de distance, mais avant de le jeter par le premier, on le fait tourner plusieurs fois sur lui-même pour que son intuition (ou l'Esprit) lui indique la bonne direction à prendre, sinon il se noie. Après il va pouvoir jouer ses rôles essentiels de psychopompe (il accompagne l'âme d'un mort récent là où elle doit aller) et de guérisseur (il va rechercher dans l'au-delà une âme perdue ou trouver l'Esprit qui cause une maladie).

B. Les chamans du reste du monde

À partir de cette étude des chamans sibériens, on a pu retrouver des situations comparables chez bien des peuples « primitifs » : Aborigènes d'Australie ou des Indes, Indiens d'Amérique du Nord, Centrale ou du Sud, Afrique, Indonésie, Océanie... Mais souvent il faut reconnaître qu'il s'agit plus de transe ou de possession que d'extase.

Nous en avons un bon exemple dans l'enquête qu'a réalisée Merry Ottin à Java, et dans le film et le livre qu'il en a ramenés. On y voit des marches et des sauts impossibles sur des échafaudages immenses de bambous. La cérémonie la plus frappante est celle où un chaman met en transe tout un groupe d'hommes pour que s'incarnent en eux les esprits de divers animaux : tigre, singe, sanglier, renard et loutre. Le corps de l'homme, dont l'esprit est devenu un tigre, court, saute, rugit et fait semblant de mordre comme un tigre. Le singe se casse des noix de coco sur la tête, ce qui est impossible à tout homme normal. L'homme-sanglier court à quatre pattes et se met à déterrer avec la bouche les racines et bulbes de manioc cru, qui sont un poison violent, et il les dévore sans aucun dommage. L'homme à l'esprit de renard poursuit à quatre pattes des poules à travers la campagne jusqu'à ce qu'il arrive à en attraper une avec la bouche et à la ramener au chaman. Cela un renard peut le faire, mais aucun corps humain, en état de conscience ordinaire, ne peut réaliser ce que l'on voit pourtant dans le film. Quant à l'homme-loutre, il plonge et nage sans les bras en faisant onduler sa colonne vertébrale comme une loutre et il arrive à attraper un poisson avec les dents et à le ramener au chaman. Avant de voir ce film on ne pourrait jamais croire possible ce que peut cependant réaliser un corps humain. Mais après, le chaman réveille très doucement et avec précaution ces hommes en transe. Par cette cérémonie, ils sont guéris de leurs troubles, ont payé pour leurs fautes ou obtenu la réalisation d'un désir en éloignant la malchance. Mais aucun ne se souvient de ce que vient de réaliser son corps pendant cette période de transe et de possession. On est donc bien loin de l'extase.

On peut aussi se poser la question pour les récits publiés par Carlos Castaneda dans ses sept livres. Il nous parle de sorciers mexicains, qui prennent le nom d'hommes-de-connaissance, mais semblent bien se comporter comme des chamans. Les pouvoirs dont parle Castaneda sont incroyables : dédoublement permanent d'un deuxième corps, bonds prodigieux, sauts d'une falaise, lévitation, invisibilité, vision à distance et lecture de pensée, action sur la nature, production et disparition magique d'objets, captures d'esprits ou alliés... Les techniques corporelles d'apprentissage sont plus classiques : longues marches dans le désert, sautillement sur place ou marche de pouvoir, contemplation des ombres, du brouillard, des étoiles, des feuilles, récapitulation de sa vie dans un espace confiné, enterrement du corps... Seulement, il n'est jamais question d'extase : toutes ces expériences d'états non ordinaires de conscience se font dans la peur et l'horreur. On peut certes y voir une illustration contemporaine de la « *sacer horror* », la rencontre terrifiante du sacré. Ces livres permettent, en ce sens, une relecture des récits des religions, en particulier de la Bible et de l'histoire de Moïse.

De nombreux chamans de toutes nationalités sont venus en Europe et ont transmis leurs enseignements aux personnes intéressées. C'est ainsi que l'on a pu comprendre le sens profond de techniques corporelles qui paraissaient stupides, avaient perdu leur sens ou avaient été détournées pour les rendre futiles. On s'était ainsi beaucoup moqué des coutumes des Indiens Peaux-Rouges. Elles apparaissaient sauvages, parce qu'elles étaient vues du point de vue matérialiste et scientiste du siècle dernier. En les coupant de leur finalité, qui était la communication avec le sacré et les forces de l'autre-monde, elles perdaient leur sens et l'on pouvait s'en moquer. Et devant la mentalité bornée et aveugle des Blancs, beaucoup de peuples ont préféré paraître stupides ou sauvages plutôt que de révéler leurs secrets. Mais un changement de mentalité est apparu à partir de 1945 et les échanges et révélations ont commencé à se faire. Ainsi, bien des secrets sur le point de se perdre ont-ils pu être communiqués à l'Occident.

Par exemple, le sens profond de pratiques chamiques des Indiens Peaux-Rouges a été révélé. Nous avons reçu l'habitude de fumer du tabac des Indiens d'Amérique. Mais, sans en avoir le sens, nous l'avons profanée et en avons fait un simple plaisir, qui nous a empoisonnés. Fumer ensemble le calumet pour les Indiens est un moyen pour communiquer avec l'autre monde. Ils ne fument donc pas pour leur plaisir, n'importe où et n'importe quand. C'est un rituel qui comporte la purification, l'expansion, la communion et l'identification. On purifie un lieu important ou sacré avec la fumée de l'herbe rituelle. L'expansion de conscience se fait en offrant les premières bouffées au Ciel, à la Terre et aux quatre directions de l'espace, ce qui transfère l'Univers entier dans le calumet. Il y a communion, car l'on ne fume pas seul, mais, après le chaman, le calumet circule dans le groupe dans le sens de la marche du soleil, chacun ne prenant qu'une bouffée à son tour. L'identification se fait par le sacrifice dans le feu qui représente l'Esprit Suprême de l'autre-monde. De plus les cendres sont recueillies dans un sachet de peau de daim pour être après, dans une cérémonie, dispersées du haut d'une montagne sacrée.

Il en est exactement de même pour les drogues. Les peuples primitifs les utilisent depuis l'origine dans un contexte initiatique religieux et elles ne les ont jamais détruit. L'usage qu'en a fait Castaneda en est un bon exemple. Par contre, l'usage insensé, pour son seul plaisir égoïste, qu'en fait l'Occident est en train de détruire sa jeunesse. Certains peuvent y voir la vengeance des peuples que nous avons exterminés. Nous n'avons su leur prendre que leurs poisons sans leur sagesse.

Les Indiens avaient aussi des rites qui liaient l'âme d'un mort à une mèche de cheveu (scalp ou non) et leur permettait de la garder auprès d'eux pendant un an. Semblablement, leurs loges à transpirer, construites avec douze saules, n'étaient pas de simples saunas hygiéniques. On les utilisait, avant et après tout contact avec le sacré, avec tout un symbolisme, dans un rite de purification obligatoire. Le fondement de tout leur travail est l'obtention d'un songe ou vision de vérité (Descamps, 1983). C'était le rite d'initiation des adolescents qui en faisait des hommes et femmes membres de la tribu. Ce n'est qu'après une vision de vérité que l'on pouvait célébrer les quatre grands rites qui en proviennent : la danse du soleil, l'apparentage, la préparation des filles pubères, le lancement de la balle. Ce dernier rite n'est pas du vulgaire base-ball, mais une cérémonie magique et divinatoire, comparable à ce qui existait au temps des Mayas.

Des chamans indiens, comme Sweet Deer, ont transmis ces enseignements aux U.S.A. et en Europe. Avec l'usage des loges à sudation, ils ont montré celui des cristaux de quartz pour la méditation, les visions, les prédictions ou le guérissage.

De nouveaux chamans européens sont nés. Par exemple Mario Mercier fait pratiquer des techniques corporelles chamaniques. Il s'agit au début, d'épreuves corporelles purificatrices : se tenir sous une chute d'eau glacée, marcher sans vertige sur le bord d'une falaise, attraper des braises, rester des heures enterré, ... Le rite de l'enterrement est typiquement chamanique. Ce n'est pas rien que de rester une journée ou une nuit enterré, nu et seul, avec juste le nez qui dépasse. Psychologiquement, on peut y vivre une mort rituelle, mais aussi de curieux échanges de sensations de chatouillement, de poids, de chaleur et d'énergie se font avec la terre. Elles restent encore à étudier.

Par contre, il existe deux techniques corporelles chamaniques qui sont maintenant pratiquées à nouveau en Occident et qui ont donc été plus étudiées : le chant harmonique et la marche sur le feu.

C. Le chant harmonique

Description. — Le chant harmonique est aussi appelé : chant magique, mongol, tibétain, diphonique, double voix, voix guimbarde, *overtone chanting, split-tone singing...*

Il est produit par un être humain qui émet un double chant. D'un côté, sort de sa bouche un son assez grave, appelé bourdon, et de l'autre, il produit un son aigu, émanant d'on ne sait où, mais en fait de ses os crâniens, qui entrent en résonance. À la première audition, bien des gens ne veulent pas en croire leurs oreilles et sont persuadés qu'il y a, dissimulé quelque part, un instrument de musique (flûte ou guitare) qui joue un autre air. On parle aussi d'un son de cristal qui se superpose à un chant grave, et parfois arrive à le remplacer en retentissant seul.

Origines. — C'est une technique mongole pour entrer en extase. De tout temps le chaman sibérien l'utilise pour se préparer à communiquer avec le monde des esprits. Son origine se trouve pour nous, chez les chamans mongols qui le pratiquent tous. Ils le font à l'imitation d'une cascade sacrée, située près de la frontière de Chine, qui fait retentir naturellement ce double chant.

Le terme de XOOMIJ, qui le désigne en Mongol, signifie « pharynx ». Il indique une des méthodes pour le produire, car chaque peuple a les siennes. Les Yakoutes ont les leurs et les Touvas qui semblent en être les spécialistes, en ont quatre.

Les lamas tibétains le considèrent comme un yoga sonore qui permet d'atteindre l'Illumination. Ils utilisent les harmoniques, mais ont la spécialité d'insister sur les sous-harmoniques. C'est cet entraînement particulier qui leur donne cette voix si grave qu'elle semble sortir de leur ventre durant les chants religieux et la psalmodie des textes sacrés.

Répandu sur toute la Terre, on a pu l'enregistrer aux Indes dans le Rajasthan, au Japon, en Afrique noire, en Roumanie... Il devait être connu et pratiqué autrefois en Europe, car, certains chanteurs italiens du XVIIe siècle étaient dits chanter à deux voix. Mais leur exercice a été banni par le succès de la modulation plate du chant grégorien, puis du chant classique. Dans ce dernier la production d'harmoniques est considérée comme un défaut à éviter absolument.

Complètement inconnu du grand public il y a vingt ans, il a connu récemment un succès foudroyant. De nombreux disques ont été édités (Touvas Maison des cultures du monde, Harmonic Choir, Hearing solar winds BCDA...). De grands musiciens l'ont découvert et pratiqué : Stockhausen, Meredith Monk, Joan La Barbara, La Monte Young, Tamia, Michael Fett... Il est enseigné en France par de nombreux musiciens : Tran Quang Hai au Mandapa, Roberto Laneri, David Hykes... Tran Quang Hai l'étudie depuis 1970 en tant qu'ethnomusicologue au CNRS (Musée de l'Homme à Paris). Il a pu en réaliser des analyses vocales par spectrographie sonore, faisant apparaître au-dessus du bourdon, la mélodie des harmoniques entre 1 500 à 2 000 hertz, et le contre-chant de la troisième voix entre 2 500 à 3 000 hertz... Roberto Laneri a constitué un groupe vocal « Prima Matéria » à partir du chant grégorien. Il a pu vérifier qu'il était possible de faire entrer certaines salles ou cathédrales en résonance, c'est ainsi que le Taj Mahal aux Indes a un son qui vibre en quarante secondes. David Hykes a fondé à New York un groupe de sept chanteurs « Harmonics Chorits » après être allé étudier ce chant en Mongolie, en 1981.

En 1985, ce sont tenus le Premier Festival de Chant Harmonique à Chicago et un Congrès scientifique en Mongolie.

Réalisation. — Il se réalise en émettant d'abord la sonorité grave du bourdon (son OM ou AN) dont la hauteur doit toujours être maintenue constante. Pour cela il faut forcer sa voix, le ventre tendu et le nez vibrant, en poussant l'air vers le haut. Tout le monde arrive en quelques minutes à produire l'harmonique d'une note (entre FA2 et LA2 pour l'homme et entre FA3 et LA3 pour une femme) en utilisant l'unique cavité de la bouche mi-fermée.

Pour produire l'harmonique aiguë, il vaut mieux utiliser la double cavité de la bouche, réalisée en retournant légèrement la langue, sa pointe frôlant le palais. Et lorsque le son est trouvé, on bloque sa langue dans cette position. Avec beaucoup de concentration, en intensifiant le son et en augmentant le volume sans changer la hauteur, on arrive à envoyer ces harmoniques vibrer dans les os crâniens.

Moduler ces harmoniques en notes exige un entraînement long et difficile. Sa pratique est facilitée par une caisse de résonance comme sa voiture ou la baignoire de sa salle de bain. Pour y arriver, il existe bien des méthodes : bouger les lèvres en prononçant successivement les voyelles A, E, I, O, U, brosser le palais avec la langue ou tout simplement modifier son volume ou sa place... Lorsque la mélodie vient se superposer au bourdon, se manifeste le talent de l'artiste musicien.

Théorie. — Le chant harmonique est l'application d'une théorie scientifique bien connue. Depuis les intégrales de Fourier en 1825, on sait qu'un son se décompose en une foule d'harmoniques. Ces harmoniques sont des multiples entiers de la fréquence fondamentale. Si la note LA vibre à 440 fois par seconde (440 hertz), ses harmoniques sont à 880, 1320, 1760... Le LA du piano a donc un nombre infini d'harmoniques. Les rapports les plus agréables pour l'oreille sont de 2/3, 3/5, 3/2... Ce sont ceux qui sont à la base des gammes musicales bien tempérées de Rameau et de Bach. Un son complexe avec sa vibration non-sinusoïdale se décompose en sons partiels, ou vibrations sinusoïdales, selon des fréquences multiples. On peut établir une gamme sur une division harmonique ou sur une division arithmétique. Mais comment faire concilier des quintes justes et des octaves justes, alors que les quintes justes (issues du rapport 3) ne donnent que des nombres impairs, pendant que les octaves justes (issues du rapport 2) ne donnent que des nombres pairs ?

Certains disent qu'en nous éloignant des harmoniques naturels, nous avons perdu le pouvoir des sons. Plus on se rapprocherait des harmoniques, plus il y aurait de résonance. Les deux sources de sons vibreraient ensemble et s'amplifieraient. Et ils retrouvent ces résonances jusque dans les particules de l'atome, dans les connexions des neurones et même dans la rotation des planètes (l'Harmonie des Sphères de Pythagore ou chant cosmique).

Les effets. — Par le chant harmonique retrouvé, on aurait le son qui guérit : c'est ainsi que Jill Purce prétend avoir construit une médecine sonore, car les harmoniques influenceraient les oscillations cellulaires.

Selon les chamans le chant harmonique, en mariant des sons à pouvoirs, pourrait aussi bien tuer que guérir. Ils s'en servent surtout pour obtenir l'illumination et passer dans l'autre monde. En Occident, bien des personnes utilisent déjà le chant harmonique pour entrer en méditation. Il est certain que la concentration préalable qu'il exige est un véritable yoga du son (Nada-Yoga). De plus les vibrations qu'il engendre dans tout le corps sont un bon moyen de le purifier et de spiritualiser.

Mais pour s'en servir comme d'une technique de méditation, il vaut mieux travailler dans une voie traditionnelle (bouddhisme, yoga, soufisme) avec un guide compétent. Faute de cela, on aura toujours les effets psychologiques d'une pratique occidentale du chant harmonique : l'aisance, l'euphorie et l'allégresse.

D. La marche sur le feu

Les chamans ont le pouvoir de marcher sans rien sentir ni se brûler sur des braises ardentes, d'en tenir dans les mains et d'en avaler. Avec leur insensibilité au froid, c'est même le caractère extérieur le plus évident et le plus répandu. Mircea Eliade a noté sa présence en Sibérie, en Mandchourie, chez les Indiens des plaines (Ojibwa), en Amérique du Sud tropicale (Guaranis) ou en Patagonie (Araucans), en Chine (saï-kong taoïste), aux îles Fidji... Et « se promener sur un chemin de feu » (fire-walking ceremony) est aussi pratiqué en Inde, en Indonésie et en Turquie par les derviches tourneurs. Mais cela se fait de moins en moins, car partout, l'on note que les chamans sont moins puissants qu'autrefois. Pourtant on peut encore assister (ou participer) à des marches sur le feu en bien des endroits du monde. Et les Occidentaux ont réappris cette technique qui se diffuse partout maintenant. Aussi nous y sommes-nous intéressé plus particulièrement.

Dans le yoga, le pranayama *Sitali* a la vertu de rafraîchir le corps humain. C'est lui que pratiquent les yoguis lors du *pancha-agni-hotra* (le sacrifice des cinq feux). Ils préparent quatre bûchers et s'asseoient au milieu, le soleil étant le cinquième feu vertical. En plusieurs points de l'Inde du Sud il y a encore des gourous qui pratiquent et font pratiquer la marche sur le feu lors du festival annuel, par exemple à Palni dans le Tamil Nŏdu. C'est la technique opposée et complémentaire au tumo tibétain et indien qui permet, en retrouvant la maîtrise de sa thermorégulation, de pouvoir passer les hivers dans les grottes de méditation de l'Himalaya par – 30 °C. Mais ces phénomènes, qualifiés d'extraordinaires par les Occidentaux, n'ont que très peu retenu l'attention des scientifiques. Par contre, lorsque l'on apprend récemment que c'est un pouvoir commun à tous les hommes et une expérience répétable par chacun, alors la science commence à s'y intéresser. Il faut dire qu'auparavant les Occidentaux en étaient écartés par la peur atavique du feu, que leur a inculquée leur culture et leur religion. Mais il est vrai que le feu a toujours fasciné l'homme.

La fascination par le feu

Les hommes ont toujours longuement contemplé le feu en lui demandant de révéler ses secrets. Rien de plus fascinant qu'un feu de cheminée ; on vit avec lui. Il nous tient compagnie, nous parle, et les Anciens entendaient l'âme des morts leur parler lorsqu'il se met à grésiller.

Le feu est vivant, il est même l'ultra-vivant. Son mouvement rapide l'a toujours fait nommer le vif, l'agile (*ignis* en latin, *agni* en sanskrit). Il frémit comme un arbre sous le vent de l'orage. Il s'élève comme l'arbre porte-soleil et porte sa fleur de feu, la fleur léthale. Toutes les fleurs rouges sont dites avoir trop rêvé d'être une flamme (tulipe, hibiscus, camélia...). Il est tellement vivant qu'il passe du végétal à l'animal. Sa flamme se cabre comme un cheval ; le feu bruit et gémit comme un être qui souffre. Il s'élance et vole.

> Où prendriez-vous l'oiseau
> Ailleurs que dans la flamme ?

En brûlant, la flamme se réenflamme, comme un oiseau de feu, comme un animal glouton, écrit Jung.

Les chrétiens ont mis le feu dans l'enfer éternel et comme le dit Bachelard « il faut avoir des vengeances à exercer pour imaginer l'enfer ». Mais en fait le feu est partout. Il brûle aussi dans le ciel avec les étoiles, et au paradis puisque les Séraphins sont des êtres de feu. Pour les Orientaux, comme pour les Grecs, la mort par le feu est le gage de la résurrection. Hercule passe par le bûcher pour accéder à l'Olympe et les Hindous et Bouddhistes se font incinérer. La mort sans trace permet de partir tout entier dans l'Au-delà. C'est une mort cosmique, car la mort dans l'incandescence libère l'essence sur-essentielle.

La victoire sur le feu s'obtient grâce au feu hermétique. C'est le feu qui ne brûle pas, et le propre de l'alchimie est de produire l'Œuvre au Rouge. Ce cinabre, tant recherché des taoïstes, est le sulfure de mercure. La fête alchimique du feu se fait le 1er mai. C'est la fête du feu de Bel, le rite du feu nouveau. Une fois l'an, les Celtes et les Gaulois régénéraient le feu. Tous les anciens feux étaient éteints et les Druides allumaient, à partir de la lumière du soleil, un feu nouveau que l'on transportait en grande hâte par toute la Gaule. Ces fêtes beltaines se perpétuent dans les rites de feux de la Saint Jean où, comme les Gaulois, on fait passer les bêtes pour les préserver toute l'année.

Il y a peu d'êtres de feu. Le Phœnix des Égyptiens est l'oiseau éternel qui se régénère par le feu. Quand il sent l'usure venir, il se brûle sur un bûcher et renaît de ses cendres. Il porte alors la marque du feu : c'est Boinou, le flamand rouge. La salamandre est le seul habitant du feu. François Ier l'avait choisie comme emblème avec sa devise « J'y suis et je l'éteins ».

Les hommes-salamandre perpétuent ce rite. La flamme a toujours comblé l'homme, car elle fait rêver de lumière. Elle est le cœur d'or de la lumière et nous rêvons toujours d'un univers auroral, en s'élançant dans le feu pour boire à la lumière éternelle. « Licht macht Feuer. C'est la Lumière qui fait le Feu », écrit Novalis. Et les Hindous nous révèlent que nous avons un corps de lumière, beaucoup plus réel que notre corps de chair. Heureux ceux qui peuvent apercevoir leur corps de lumière dans la transfiguration.

Pour pouvoir marcher dans le feu il faut brûler d'un feu intérieur plus chaud que le feu du bûcher. Il faut admettre « Je suis de l'intérieur le pivot des flammes ». On disait que sauter par-dessus le feu c'était sauter au-dessus de soi-même. Marcher dans le feu, c'est se transmuer dans l'initiation de la flamme. La marche dans le feu nous révèle à nous-même, dans notre vérité. Lorsqu'on y parvient une force vivifiante parcourt tout le corps et l'on sait désormais que plus rien n'est impossible. C'est pour cela que ce rite si ancien se retrouve sur tous les continents.

Les marches dans le monde

La marche dans le feu est universelle dans le temps et dans l'espace. Il est vraisemblable que les hommes préhistoriques, qui avaient déjà des foyers il y a 500 000 ans, ont découvert accidentellement la possibilité de marcher impunément sur les brasiers et que leurs chamans l'utilisaient. Les druides devaient aussi la pratiquer lors des cérémonies du feu nouveau, comme en témoigne le vestige des feux de la Saint Jean. En tout cas, la marche sur le feu était l'un des grands rituels de Rome ; le clan des *Hirpi Sorani*, d'origine Samnite, le réalisait tous les ans au temple de la déesse Féronia.

Cela faisait partie des cinquante épreuves de la religion de Mithra. Leurs fêtes solaires étaient le 25 juin et le 25 décembre. Cette dernière, la fête du *Natalis invicti Solis* (la Naissance du Soleil invaincu), était tellement importante que, ne pouvant plus supporter cette concurrence, le pape Jules Ier en 337, plaça à cette date la Noël qui avait toujours été fixée à l'Épiphanie. Seulement, quand on ne sait plus marcher dans le feu, on se contente de sauter par-dessus. Il en est de même avec les ordalies ou jugements de Dieu du Moyen Âge. Une des épreuves de démonstration de son innocence consistait à saisir un fer rouge à pleine main. Cela a longtemps paru incroyable, mais nous savons maintenant que c'est inoffensif pour quelqu'un qui en a le courage. Seulement la tradition s'est perdue et le rite, paraissant barbare, est tombé en désuétude. Il était pratiqué aussi aux Indes avec la saisie d'une hache chauffée au rouge, comme l'explique la *Chândogya Upanishad* qui conclut « C'est grâce à la Vérité que l'on ne se brûle pas » (6,8).

La marche sur le feu devait être pratiquée dans les religions du feu : celles des Mages, de Zoroastre, des Mazdéens. Nous en avons un témoignage historique avec le mage Adurabâd Mabrasphand qui lutta ainsi contre les Manichéens. Il les mit au défi et se fit verser dix-huit livres de cuivre fondu sur son corps nu. Comme il ne fut pas brûlé, tous les assistants se convertirent à l'ancienne religion de leurs ancêtres.

Actuellement, la marche sur le feu est encore pratiquée dans de très nombreux pays tout autour du monde. Pour les Hindous c'est une pratique immémoriale puisqu'elle est décrite dans le Ramayana. La reine Sati, femme de Râma, ayant été enlevée et retenue prisonnière par Ravana, roi de Ceylan, dut à sa libération prouver qu'elle n'avait pas cédé à ses avances sexuelles. Pour cela, elle passa à travers le feu sans être brûlée. Et bien des yoguis continuent à le faire dans toutes les Indes, pour célébrer sa mémoire. On le pratique tous les ans à Palni dans le Tamil Nŏdu, lors des fêtes du dieu Murugan. Labié le décrit dans son livre *Le pays tamoul attend la mousson*. Il a vu une foule d'hommes torse nu, les yeux brillants, une branche verte à la main et une guirlande de fleurs autour du cou passer pendant une demi-heure sur un lit de braises de six mètres sur quatre mètres à la suite d'un gourou à l'air extatique.

Et cela s'est répandu avec la diaspora hindoue. Partout où il y a des Hindous dans le monde, on pratique la marche sur le feu. Cela se fait en Malaisie, en particulier lors du festival annuel de Taïpusam près de Kuala-Lumpur. À Ceylan la célébration a lieu encore tous les ans au mois d'août. Le lieu le plus célèbre est Katagarama dans le Sud-Est de l'île. Il porte le surnom de Kumara, l'adolescent divin aux mille noms, dont la lance est un rayon de lumière et la monture un paon. Pendant le pèlerinage, tous les soirs trois cents personnes prient que la « Déesse ait jeté son manteau » sur les braises pour qu'elles ne brûlent plus quand ils y passeront à la suite d'un vieillard.

Les marches sur le feu de l'île Maurice ont été étudiées par les Anglais et celles de l'île de la Réunion à 800 kilomètres à l'Est de Madagascar par les Français. En particulier Bruno Blaive, après un an de séjour dans l'île, a passé sa thèse de médecine en 1968 sur ce sujet. Il a assisté à une vingtaine de marches sur le feu, pris des photos et un film de vingt minutes. La moitié des 500 000 habitants de l'ancienne île Bourbon sont des Tamouls et la marche a toujours lieu fin décembre en l'honneur de Draupati qui, dans le Mahabharata est dite avoir marché dans le feu. Les braises sont dans une fosse de 5,30 m × 2,45 m × 0,45 m de profondeur. Les hommes passent trois fois dans le plus grand silence, parfois en portant un enfant à guérir sur leurs épaules.

On marche aussi sur le feu en Indonésie et c'est une spécialité bien connue de toute la Polynésie. Cela a été observé à Tahiti, aux Marquises, aux Fidji. Maurice

Bitter dans *Iles merveilleuses du Pacifique* décrit comment dans une fosse de trente mètres de long on fait brûler des troncs d'arbres pendant trois jours et trois nuits pour chauffer à blanc une couche de pierres qui ronflent de chaleur et se cassent d'un bruit sec. Et à la suite du *tahua*, le grand prêtre tenant à la main une tige verte, et de la file des maoris il a traversé, pieds nus, le *marae* trois fois sans se brûler, alors que sur le côté la chaleur est tellement intense que l'on peut à peine s'en approcher.

Cela se pratique aussi à Formose (Taïwan) et au Japon. Bien des Européens ont pu assister aux cérémonies des Yamabushi où des centaines de personnes passent à la fois sur le feu. Michel Coquet a ainsi pu marcher sur les braises ardentes à Takao-San (*Budo ésotérique*, édit. L'Or du Temps).

Cela est décrit aussi aux Amériques, au Paraguay, en Argentine, au Brésil dans le Mato Grosso, et encore tous les ans, dans le Nord-Est. Aux Antilles la cérémonie est encore pratiquée dans le rituel Vaudou ou dans les communautés d'Hindous du Sud assez nombreuses en Martinique et en Guadeloupe.

Les soufis et les fakirs pratiquent occasionnellement la marche sur le feu du Maghreb à l'Iran. On l'a décrite en Algérie. Ce sont sans doute eux qui ont laissé cette tradition qui se fait encore dans certains villages d'Espagne, comme à San Pedro, près de Soria entre Pamplona et Madrid, tous les 23 juin à minuit.

Mais le foyer le plus étudié par les savants occidentaux se trouve en Bulgarie et dans le Nord de la Grèce. Avant-guerre la marche sur le feu était pratiquée dans la plupart des villages de la Strandja, à l'Est de la Thrace. Maintenant cela ne se fait plus qu'à Bâlgari, petit village de cent cinquante maisons à vingt-cinq kilomètres de Mitchorine (jadis Vassiliska). On réalise un cercle de braises de deux mètres de diamètre et de cinq centimètres d'épaisseur. Au crépuscule, sort de la paroisse de Saint-Constantin une vieille, la Nestinarka, avec un cortège d'initiés, précédés de tambours et cornemuses. Après avoir fait trois fois le tour du feu, elle est prise de tremblements et entre sur la braise en hurlant « Vakh », puis elle danse en tenant l'icône de Saint Constantin. Cette cérémonie a été très étudiée par des médecins et psychologues bulgares, russes et grecs, sans qu'ils en trouvent une explication.

En Grèce, la cérémonie vient de Thrace orientale (maintenant la Bulgarie), la population du village de Kosti a été déplacée en 1914 dans quatre villages grecs. Dans celui de Langada, près de Salonique, vit encore la communauté des Anastenasides. Il semble qu'il s'agisse de vieilles traditions de la Thrace remontant aux Bacchantes et aux mystères de Dionysos, dont on dit qu'il a fait un voyage aux Indes. Puis le dieu solaire a été remplacé par l'empereur Constantin devenu Saint Constantin et sa mère Sainte Hélène. Et cette communauté, dirigée par un chef spirituel l'archinastenasis, attribue des pouvoirs occultes à ses vieilles icônes. Leur particularité est de consommer du vin avant la cérémonie jusqu'à en être inconscient, ce qui les relie au culte de Dionysos-Bacchus. Ils dansent aussi sur le feu en haletant, d'où leur nom (anastenasein = haleter). Et l'on sait que l'hyperventilation peut produire une perte de conscience et mettre en transe. Après la marche ils vont dans l'église faire le sacrifice d'un taureau noir de trois ans, qu'ils tuent avec une hache spéciale. Ils mangent la viande, qu'ils considèrent comme sacrée (l'homophagie était aussi pratiquée dans les mystères dionysiaques) et portent des sandales faites avec la peau de ce taureau. Autrefois, ces rites étaient cachés et tenus pour très secrets. Mais maintenant, la curiosité des étrangers a encouragé une pratique publique, que l'Église orthodoxe tolère. En 1972, le docteur Annette Beaumanoir, professeur à l'Université de Genève, est allée les étudier, en les soumettant à l'électroencéphalographie. Pendant la marche on enregistre un rythme alpha permanent, sans aucune réaction d'arrêt et s'étendant à l'ensemble du cerveau. Elle a pu observer le passage d'une jeune étudiante à la peau des pieds fine, ce qui rend caduque la remarque habituelle que l'insensibilité est due à la couche cornée des indigènes. Son film a été présenté au VIIIe Congrès d'Électroencéphalographie de Marseille en 1973.

France Schott-Billmann (1987) a fait une étude ethnologique de ces cérémonies des 21-23 mai, fête de Constantin-Hélène. Elle note la lente dégradation du rituel qui devient tous les ans plus profane et spectaculaire. Une quinzaine de personnes dansent toujours en rythme sur des braises à 350° lorsque leur arrive l'inspiration du saint. Cela s'accompagne d'un certain nombre de guérisons. Elle étudie aussi la liaison avec les mythes (Dionysos, Mithra, Alexandre le Grand, Constantin-Hélène) et le sens psychanalytique de cette union mère-fils.

Histoire de la marche sur le feu en Occident

Il est rapporté aux XVIIe et XVIIIe siècles que de vieux ouvriers fondeurs étaient capables de plonger la main dans de la fonte, du cuivre ou du plomb à 1 400°, de saisir à pleine main une barre de fer rouge et de la lécher. Le seul problème est de se protéger le visage du rayonnement ; il en est de même avec des ouvriers verriers qui plongeaient la main dans du verre liquide. Cela a été décrit en Allemagne dès 1746. Vers 1850 en

France, Boutigny et Pouillet étudient ce sujet en physiciens. Il a aussi intrigué de grands savants comme Faraday, Rumford ou Klaproth.

Un Parisien, Bernard Moussette, a fait des marches sur le feu à l'île de la Réunion (ce que n'avait pas osé Bruno Blaive). Il s'est fait initier à la religion de Kali par les prêtres tamouls pendant douze ans et a réalisé sept marches sur le feu pour accéder lui-même à la prêtrise.

Un jeune physicien américain, Jearl Walker, après avoir appris que la haute chaleur ne brûlait pas a eu le courage d'essayer en 1976 : il a commencé par plonger un doigt dans du plomb fondu, puis les cinq doigts. Enfin il a marché, pieds nus, sur un lit de braises d'un mètre cinquante. Après avoir mesuré la différence entre la conviction théorique et l'expérimentation pratique, il recommande d'introduire ces épreuves dans le doctorat pour que les étudiants puissent démontrer qu'ils croient à la vérité de la science, car, dit-il, il est facile de croire à la physique sur le papier, mais c'est beaucoup plus dur quand ses propres pieds sont en jeu.

Vers 1984, ces marches sur le feu se sont multipliées en Occident. Tony Robbins l'aurait appris d'un lama tibétain et aurait réalisé des marches publiques à Los Angeles. Puis cela s'est multiplié en Californie, en particulier au cours de stages de programmation neuro-linguistique. En octobre 1985, Jabrane M. Sebnat, un soufi, en fait une démonstration à Genève, puis organise un stage près de Paris chez Jacques Donnars en mai 1986. En décembre 1985, Bob Aubrey, professeur d'aïkido et animateur de formation, fait marcher sur le feu huit ingénieurs d'IBM lors d'un stage. Puis il organise toute une série de stages avec la revue « Sources ». Le premier eut lieu le 9 février 1986 près de Lyon. Je m'y suis retrouvé avec vingt-quatre autres participants. Il y avait plusieurs professeurs de yoga ou d'aïkido, mais les autres étaient les participants habituels de ce stage (instituteurs, secrétaires, infirmières, informaticiens, enseignants, ...) qui n'avaient jamais fait de méditation ou suivi des voies traditionnelles. Le thème du stage était la « Voie de l'action » et plus des deux-tiers étaient venus pour ce thème et non pour la marche sur le feu qui clôturait le stage et n'était pas obligatoire. Pourtant tous les vingt-cinq ont marché sur le feu, et plus de la moitié est passée deux fois sur le lit de braises de cinq mètres à plus de 800°. Un seul, qui avait accompagné en voiture une personne du stage, et qui a voulu passer, a eu des cloques une heure après la marche. Mais aucun n'a senti de brûlure en passant sur le lit de braises. Ce qui n'est pas sans poser de nombreuses questions théoriques.

Les essais d'explication

Tout le monde voudrait savoir comment cela est possible. Il est ainsi fourni la démonstration que tout un chacun a le pouvoir de marcher impunément sur le feu. Mais l'explication théorique est exigée par bien des personnes qui sans cela ne peuvent arriver à y croire. Ce défi aux lois les plus élémentaires et évidentes de la science reste encore pour le moment inexplicable. On ne peut pas encore rendre compte scientifiquement de ce « miracle » pourtant si banal. Ce qui n'empêche pas de proposer des tentatives d'explication. Elles me paraissent être de trois ordres : physiques, physiologiques et psychologiques.

A. Physiques

Un physicien français, Monsieur P.H. Boutigny, s'est intéressé à la question et cela lui a paru tellement révolutionnaire qu'il a intitulé son livre « *Nouvelle branche de la Physique,* étude sur le corps à l'état sphéroïdal » (Masson, 1857). Dès 1850, à la suite de ce que faisaient les ouvriers fondeurs, il a plongé sa main dans de l'eau bouillante, dans du suif fondu à 300° et enfin dans « une poche pleine de fonte incandescente effrayante à voir ». Et il n'a jamais été brûlé. Pour comprendre, il présente deux théories qu'il a mis au point à cette occasion. Elles ont été confirmées par la suite et font maintenant partie de la physique classique de la chaleur et de la thermodynamique.

1. L'état sphéroïdal. L'état sphéroïdal est l'état dans lequel se met une goutte d'eau à la haute chaleur et dans lequel elle se perpétue. Si l'on dispose d'une plaque électrique chauffée à blanc, il est facile de voir qu'une goutte d'eau danse au-dessus sans disparaître. Par contre, dès que la chaleur descend entre 250° et 140°, soudain elle éclate et s'évapore. Donc la haute chaleur permet à l'eau de se perpétuer sous forme de gouttelettes à l'état sphéroïdal.

2. La caléfaction. De même, la chaleur entre 700° et 1 400° fait apparaître un film protecteur. Une démonstration physique amusante se fait avec un panier à salade en fils de platine que l'on chauffe à blanc et dans lequel on peut transporter de l'eau, car le film de vapeur ferme les mailles. Donc, avec une grande chaleur, l'humidité passe à l'état sphéroïdal, réfléchit la chaleur et ne s'échauffe pas.

À ceci il faut ajouter les recherches physiques de Bruno Blaive à l'île de la Réunion. Il a marché sur les braises avec des nu-pieds dans la semelle desquels il avait introduit un thermomètre à mercure dont le réservoir ressortait et était en contact avec les braises et il a vu que la température ne montait pas au-delà de 60°, alors qu'elle est de 700° dans les flammes autour. Le thermomètre monte à 110°, mais après dix secondes. Or, le temps de passage sur les braises est toujours de huit à dix secondes. Et comme on lève chaque fois bien haut les pieds, cela ne fait pas plus de trois à quatre secondes de contact total pour chaque pied. Il existe trois sources de transmission de la chaleur : par rayonnement, par conduction et par convection. La plus terrible est la transmission par rayonnement. Et presque chaque fois, des personnes se brûlent, avant de marcher, en préparant le feu. Elles reçoivent des retours de flammes au visage, aux aiselles et sous les bras qui sont brûlés. La chaleur transmise par contact est très réduite. Par contre, il faut remonter les pantalons qui, sinon, prendraient feu et il ne faut pas asperger d'eau le dessus du pied ou la cheville, car ils brûleraient en se mettant à bouillir.

On a aussi étudié la circulation d'air au-dessus d'un brasier. L'air chaud monte et il est constamment remplacé par une couche d'air froid. Ainsi, le brasier est balayé par une nappe horizontale de dix centimètres d'air frais qui aère et refroidit les pieds nus.

Mais ces explications physiques ne sont pas suffisantes car, si l'on marchait avec des souliers ils seraient brûlés.

B. Physiologiques

Une partie de la solution réside dans les pieds nus.

On peut accroître la résistance à la brûlure en enduisant d'eau le dessous des pieds. Boutigny a aussi essayé avec du sel et a mesuré que l'éther permettait d'accroître la résistance à la brûlure. Dans certains pays les marcheurs passent d'abord dans une flaque d'eau ou dans une flaque de boue pour pouvoir danser après. Mais cela n'est pas indispensable, la transpiration suffit. L'exposition des pieds à une chaleur intense provoque une transpiration instantanée qui se vaporise en formant un film protecteur réfléchissant la chaleur.

Il y a quand même un type particulier de marche qui doit être appris. Elle ne doit pas être trop brusque ni trop lente. Nulle part dans le monde les hommes ne peuvent rester immobiles sur un lit de braises. Il faut marcher ou danser pour réduire le temps de chauffe et permettre à la plante des pieds de s'aérer, alors on peut rester jusqu'à une demi-heure sur le feu. Il faut aussi lever haut le genou de façon à poser le pied bien à plat et ne pas heurter des braises. En sortant il faut bien brosser les pieds dans l'herbe pour qu'il ne reste pas de tison brûlant entre les doigts de pieds.

L'étude physiologique du système de la douleur nous montre que les récepteurs thermiques de la peau sont inactifs au-dessous de 28° et au-dessus de 44°. Les expériences sur de la peau de porc (Moritz et Henriques) ont montré que pour obtenir une détérioration il fallait au minimum la soumettre à 49° pendant neuf minutes. Alors certaines cellules se nécrosent à côté d'autres qui demeurent intactes. À 55° apparaît une dénaturation du collagène et l'œdème commence à 60°. La transmission de la douleur se fait par un double système : rapide par le faisceau spinothalamique jusqu'au noyau ventro-postérieur du thalamus et lente par le système sympathique jusqu'à la formation réticulée et aux noyaux médians du thalamus.

À cela les Orientaux ajouteront l'explication par le Ki. Il s'agit de la force vitale utilisée dans les arts martiaux et libérée par le vide de l'esprit. Sur le brasier les marcheurs feraient descendre inconsciemment leur Ki jusque dans leurs pieds pour se protéger de la brûlure.

Les Hindous déclarent eux que ce pouvoir est obtenu grâce à la Shakti, que chacun possède en soi et peut développer. Il faut quand même remarquer que si tous ceux qui n'ont pas peur peuvent marcher impunément sur les braises, il y a des degrés. Seuls certains êtres, après un entraînement réussi, peuvent comme les chamans danser lentement sur le feu ; rester une demi-heure n'est pas à la portée de n'importe qui au premier essai.

Mais ces explications physiques et physiologiques sont insuffisantes car, à chaque marche, il y a une ou deux personnes qui sont brûlées et pas les autres. Donc, ce n'est pas aussi inoffensif qu'ont bien voulu l'écrire certains scientifiques. Et l'explication facile par la couche cornée des indigènes est à exclure, car les Occidentaux marchent maintenant sur le feu, et surtout des jeunes filles aux pieds bien poncés et à la peau très fine.

C. Psychologiques

L'explication ultime se trouve dans la psychologie. Pour nous, la possibilité de marcher sur le feu est essentiellement un phénomène psychologique. Il faut d'abord se libérer de la peur. Blaive reconnaît qu'à la Réunion la disparition de la peur empêche l'amplification de la douleur qui est plus psychologique que physiologique. Et il pense que la longue procession à la suite des tambours provoque un état hypnoïde. Partout dans le monde, on utilise la musique pour se mettre en condition. Bob Aubrey, comme unique préparation, fait courir cent mètres pieds nus et surtout, fait trouver à chacun le cri de victoire qu'il poussera après avoir réussi à traverser le feu, et tout le groupe le répète avec lui. Une demi-heure de ces hurlements remplace la musique.

Dans les faits il existe plusieurs techniques de marche sur le feu. On peut passer en tenant la main d'un gourou qui vous protège par son pouvoir. Encore faut-il avoir confiance en lui et ne jamais se retourner en marchant. À Ceylan, des Européens sans préparation ont pu ainsi passer sur le feu en tenant la main d'un gourou. On peut aussi avoir reçu un mantra du gourou et le répéter avec assurance pendant le passage, ce qui vous préserve. Mais Grindler, le fondateur de la programmation neuro-linguistique, qui n'avait pas reçu de mantra, l'a remplacé par la formule « mousse fraîche » qu'il a répétée pour passer sans se brûler. On peut aussi marcher en état de transe. C'est ce qui se réalise en Indonésie ou dans la tradition Vaudou. Enfin, on peut aussi marcher en pleine conscience sans aucune préparation, ni l'hypnose, comme le propose Bob Aubrey. Et c'est ce qui est le plus convaincant et pose le plus de problèmes. Il s'agit de faire preuve de courage et de volonté, uniquement et simplement. Bien entendu, quand on ne sait pas encore tout ce que nous venons de rapporter, il faut aussi avoir confiance en lui. Mais dans ses stages, il ne passe pas le premier, mais le dernier (lorsque la température ayant baissé, c'est le plus dangereux) ou pas du tout. Justement pour éviter l'imitation et l'identification à un gourou. Il faut que chacun prenne sur soi, en faisant preuve de détermination, c'est ce qui apporte le plus. Il faut y croire, avoir confiance en soi. D'autres appelleront cela la Foi et diront qu'elle déplace les montagnes. Les maillots des marcheurs sur le feu californien portent « From Fear to Power » (De la peur à la puissance).

Bien sûr, dans ce stage, tout ceux qui l'ont pu, se sont mis en état de méditation le plus avancé possible, ont fait le vide dans leur esprit, ou au moins se sont mis en état alpha. Oui, mais tous les autres qui n'en avaient jamais entendu parler, et qui ont marché, ont passé tout aussi bien ? La seule explication que l'on peut trouver pour eux, c'est l'état paroxystique.

Les situations paroxystiques. Elles ont été étudiées par Abraham Maslow et par la psychologie transpersonnelle. Il s'agit de ce qui se passe lorsqu'on est confronté à la mort. Et dans ce cas, si l'on trébuche et si l'on tombe, les brûlures seront tellement étendues qu'il y a peu de chances que l'on puisse vous sauver par des greffes de peau. D'ailleurs, dans un article paru à ce sujet dans le « Figaro Magazine » (22 mai 1986), ont été publiés les interviewes des docteurs Escande et de ceux du service des Grands Brûlés de l'hôpital Percy de Meudon : marcher sur les braises provoque des brûlures du troisième degré, avec des lésions profondes nécessitant des greffes de plusieurs mois de soins, avec la possibilité de lésion des tendons provoquant une invalidité permanente.

Lorsque l'on est confronté à la mort, des énergies se libèrent et l'on fait des choses que l'on aurait cru impossible avant. Cela a été systématiquement utilisé par Don Juan Matus dans l'entraînement de Castaneda. Bien des personnes ont été libérées d'un danger sans savoir comment elles ont fait. Toute proportion gardée, on pourrait essayer de comprendre la marche sur le feu en la comparant aux accidentés ayant frôlé la mort. Russel Noyes à l'Université d'Iowa City en a étudié plus de deux cents cas : accidents de voitures, déraillements de trains, noyades, chutes en montagne ou d'un immeuble... Ils ont vu la mort arriver, ils se sont « lâchés de l'intérieur en entrant dans le cosmos » et le miracle s'est produit : ils sont restés accrochés à un arbuste, il y avait un matelas de neige au fond du gouffre ou leur corps faisant preuve d'une élasticité prodigieuse a rebondi à des mètres sans fracture... L'étude des cas montre que : toute émotion avait soudain disparu (69 %), les pensées étaient devenues extraordinairement rapides (69 %), les sensations étaient démultipliées (62 %), leur corps faisait preuve de réflexes moteurs incroyablement rapides (41 %), la perception du temps s'était ralentie (35 %), ils ont revu le film de leur vie en un instant (69 %), ils se sentaient en dehors de leur corps (63 %), ils étaient plein de joie (68 %) et avaient l'impression d'avoir une révélation (62 %)... Après, leur vie est transformée, avec une sérénité qui ne les quitte plus.

Il est donc possible que le fait de poser le premier pied sur le feu vous mette instantanément en état alpha ou de vide de l'esprit et libère des énergies inconnues dans le corps. Ainsi, en y réfléchissant par la suite, j'ai retrouvé ma surprise en posant ce premier pied nu et de ne pas être brûlé, comme je l'aurais été en posant ma main sur une plaque électrique rouge d'une cuisinière. Puis, par la suite, j'ai senti qu'il fallait avancer et ne plus penser à ce feu sous les pieds, mais que, si j'arrêtais de faire je ne sais quoi, la chaleur allait monter dans les pieds et cela allait vite devenir intolérable.

C'est sans doute cette capacité de concentration instantanée qui fait la différence et qui permet que presque tous ne sentent rien et n'aient pas de brûlure après, alors que certains qui sont passés sans trop sentir voient une heure après des cloques apparaître avec des brûlures au deuxième degré. C'est vraisemblablement ce que ressent l'animateur qui ne laisse pas monter sur le brasier les personnes indécises ou partagées et les envoie courir un peu, jusqu'à ce qu'elles reviennent complètement décidées.

Mais la puissance de l'esprit est encore plus grande puisqu'il existe une prière du feu qui permet de guérir les brûlures et qui fonctionne même avec des incroyants. De même la conjuration par le feu permet d'annuler l'effet d'une brûlure en représentant volontairement la partie brûlée au feu.

Les apports de la marche sur le feu

Les apports de cette marche ne sont pas encore entièrement mesurables, mais ils sont certainement considérables, individuels et collectifs.

Individuellement, elle permet de se prouver que l'on est capable de plus que ce que l'on croyait. Elle fait sortir de l'indécision, de l'atermoiement, du découragement, du doute, de la critique négative de soi. C'est en tout cas ce que venaient chercher les participants à ce stage, et ce qu'ils ont dit avoir trouvé. Il s'agit d'une restauration de l'image de soi. Un capital de confiance a été acquis, comme d'ailleurs il aurait pu l'être par toute autre prouesse. Plus rien n'est impossible à celui qui a réussi à marcher sur le feu. Certains prétendent ne pas en avoir besoin, mais tant qu'on n'a pas marché sur le feu, on ne peut être certain d'en être capable. On a beau se dire, si d'autres l'ont pu, pourquoi pas moi, cela ne suffit pas tant qu'on ne l'a pas réalisé. Le plus dur ce sont les nuits précédant la marche. Il faut donc penser que ce type de stage attire ceux qui ont besoin de se prouver quelque chose. Ils viennent chercher une victoire sur eux-mêmes. Et dans les stages ultérieurs, il y a quand même un certain nombre de personnes qui n'en ont pas été capables et qui, au dernier moment, ont reculé devant l'épreuve. Marcher sur le feu prouve que l'on peut accomplir ce qui paraissait impossible et permet de faire face plus aisément aux situations difficiles.

En Occident, ceci est particulièrement important pour nous faire perdre la peur atavique du feu, que nous a inculquée notre civilisation. Il a déjà la peur instinctive du chaud et de la brûlure. Mais par derrière se trouve la peur de l'enfer et du rôle que la religion chrétienne a fait jouer pendant des siècles au feu infernal. Il a été actualisé et perpétué par tous les bûchers sur lesquels on a brûlé les relapses, les hérétiques, puis toutes les sorcières. Et après, des bandes de chauffeurs ont écumé les campagnes en mettant les pieds des paysans dans le feu de leur cheminée pour leur faire avouer où étaient leurs économies. Après cela il n'est pas étonnant que, dans les grands incendies, bien des personnes, complètement affolées par l'approche du feu dans un grand immeuble, préfèrent se jeter par la fenêtre, avec une mort certaine, plutôt que d'attendre l'arrivée des pompiers.

Mais au point de vue spirituel, il ne faudrait pas que cela soit considéré comme un pouvoir et que cela aboutisse à une inflation de l'ego. En tout cas, c'est l'excuse que se donnent ceux qui n'ont pas assez de courage. En réalité, ce n'est pas un exploit et cela n'a rien d'exceptionnel, puisque tout le monde peut y arriver avec un peu de décision. Et au contraire, cela donne une très grande humilité, comme chaque fois que l'on se trouve devant l'inexplicable.

Collectivement, on n'a pas fini de tirer les leçons de la marche sur le feu. D'abord la forme la plus récente nous prouve que toutes les préparations sont inutiles :

jeûnes, veilles, prières, processions, abstinences alimentaires ou sexuelles, etc. Tout cela ne sert à rien, ou n'a, au mieux, qu'une valeur psychlogique. Cela sert à renforcer une détermination et à donner confiance en soi. Mais on y arrive aussi bien, sans cela et sans aucune préparation.

L'enseignement le plus important est peut-être que cela ne prouve non plus rien du tout. Peut-être certaines communautés étaient persuadées que seule une faveur divine le permettait. Mais d'autres, qui avaient découvert son inocuité, s'en servaient pour prouver la vérité de leurs paroles. « Croyez en ce que je dis, la preuve c'est que je peux marcher sur le feu. » Mais cela ne prouve plus rien, quand on sait que tout le monde peut en faire autant. On aurait pu d'ailleurs le penser depuis longtemps dès que l'on remarquait que la même pratique tout autour de la Terre servait à démontrer la vérité de croyances et de religions tout à fait opposées.

Ceci est tout à fait dans la ligne de la recherche transpersonnelle, dont le but est de faire sortir le « surnaturel » de toute la gangue de superstitions et d'occultisme dont on l'encombrait, pour en faire l'étude scientifique. Et il se trouve que la marche sur le feu est confirmée, alors que tous les charmes et les gris-gris, qui doivent arrêter les balles et rendre invulnérable devant les flèches, ne le sont pas.

Sortir cette pratique de toute l'idéologie qui l'accompagnait ne veut cependant pas dire qu'on ne puisse en faire une utilisation pédagogique. Par son caractère impressionnant, la marche sur le feu peut certes aider à faire admettre tout un enseignement. Mais elle ne prouve pas plus, ce qui est dit dans un stage que ce que disaient les anciennes religions.

Le principal mérite que nous lui reconnaissons est de rendre manifeste le pouvoir de l'esprit sur la matière.

Il ne s'agit pas d'élucubration sur l'invulnérabilité. Mais dans un domaine encore inexpliqué, il est maintenant acquis que tout un chacun, s'il maîtrise sa peur, peut marcher sur le feu sans aucune autre préparation ou croyance. Et ce domaine va engendrer toute une série de recherches scientifiques et permettre des découvertes sur ce qu'est le corps de l'homme, mais surtout son esprit et l'état de vide qui s'établit dans une situation paroxystique. Il va donc en être comme pour le bio-feedback ou rétroaction biologique : ce qui rebutait les savants quand on l'attribuait au seul yoga va pouvoir être étudié et expliqué lorsque cela devient un phénomène répétable pour tout un chacun. Encore fallait-il le savoir et en faire la preuve.

CHAPITRE II

LE YOGA

A. Définition du yoga

Le yoga s'ancre sur les pratiques chamaniques mais il les a si rapidement développées qu'il est devenu la forme la plus complète, exhaustive et achevée des techniques corporelles de l'extase qui existent au monde. Il est aussi la plus ancienne et la plupart des autres en sont dérivées, lui ont fait des emprunts ou se sont spécialisées dans l'utilisation d'une seule de ses techniques.

Nous définissons le yoga comme la méthode somatopsychique de l'extase du sub-continent hindou, sous forme d'un processus unitaire d'activation des potentialités de l'homme et aboutissant à une science de l'homme intégral. C'est l'ensemble des techniques, spécifiquement hindoues, qui utilisent le corps comme un allié pour retrouver le Soi, transmuer la condition humaine et échapper au cycle des réincarnations.

Jacques Mascri écrivait dans *Le Yoga, science de l'homme intégral* : « Le yoga se présente comme la voie royale du retour au centre créateur de l'Être. Ce qui, dans certaines sociétés, ne dépasse pas les techniques primitives de l'extase, s'élabora dans l'Inde (et ailleurs sous des formes voisines) en une véritable science de l'homme intégral. Il est le moyen le plus sûr, le plus systématique pour atteindre le cœur de l'Être... ».

De par ses origines chamaniques, il a gardé un

caractère magique, toutes les autres voies de la mystique étant religieuses. C'est-à-dire qu'il offre à l'individu des techniques de développement de ses forces subtiles et de transmutation de son énergie sexuelle permettant une expansion de sa conscience, un éveil, une illumination et une extase pour se libérer de la condition humaine ordinaire et se réaliser dans ce qui est sa véritable nature. Et cela l'homme le fait par lui-même, ce qui est une voie unique, toutes les autres méthodes mystiques demandent à un dieu d'opérer ce travail en l'homme.

Le mot yoga correspond au latin *jugum* et au français *joug*, c'est ce qui joint et unit. Cette jonction se fait en mettant sous le joug les diverses facultés et énergies de l'homme et en les liant pour s'unir à l'absolu. Le yoga est la jonction et union de l'esprit et du corps. C'est la méthode qui utilise le plus le corps pour réaliser l'extase par le silence des activités mentales ordinaires. Il unit à l'Absolu en faisant réaliser l'illusion de l'égo, la puissance individuante qui fait croire au petit moi, et en faisant découvrir que le Soi est notre véritable nature ; l'Atman, le Soi individuel, est en réalité le Brahman, le principe créateur. Il permet désormais de ne plus percevoir les objets en les pensant de l'extérieur, mais de les connaître vraiment en se joignant à eux et de les saisir de l'intérieur dans une union.

B. Le yoga et les yogas

Les méthodes pour parvenir à ce but sont multiples et même illimitées. Comme Shiva, le yoga a mille bras.

Les Puranas suivent et décrivent la progression du

yoga depuis six mille ans avant notre ère. Il s'est enrichi avec les trois civilisations de l'Inde. Dans la première civilisation Munda, de la cueillette et de la chasse, il est la magie qui donne à l'homme des pouvoirs surnaturels (siddhi). Il est ce qui permet d'établir une union avec le monde effrayant des esprits qui peuplent toute la nature. Dans ce monde végétal de la forêt primaire, il est le culte de l'arbre et de la femme. En proviennent toutes les statues des filles-fleurs et des déesses de l'arbre, qui vont se perpétuer dans le culte de la Shakti, la déesse aux serpents, les dieux originaires. Lors de la seconde civilisation dravidienne des agriculteurs se développe son côté masculin avec Shiva Pashupati, maître des animaux, le culte du taureau et des pierres dressées, qui deviendront son lingam (phallus). Il comprend sa moitié féminine qui est la déesse Kundalini, son énergie sexuelle, qu'il a fait se dresser en lui, et par sa danse corporelle cosmique, il crée le monde. La troisième civilisation aryenne brahmanique des pasteurs venus du Nord, va chercher à recouvrir tout ceci de sa religion. Mais le yoga est toujours resté en dehors de la religion brahmanique, car il lui est opposé. Les envahisseurs aryens vers 1200 avant notre ère, amènent avec eux des écritures les Vedas, les quatre castes (varna), un système social de devoir d'État imposé par la religion (dharma), les sacrifices sanglants d'animaux au feu et au Soma. Tout le yoga va refuser cette religion ritualiste extérieure et lui opposer la seule valeur de l'expérience intérieure tout en montrant qu'il pratique la religion à sa manière en transposant le sacrifice des brahmanes dans le corps humain par le feu (tapas), des postures et de la respiration.

Les éléments anciens sont ressortis dans les deux réactions religieuses au brahmanisme, la religion bouddhique et la religion jaïn. Les chroniques de la religion jaïn remontent au néolithique et elle véhicule la non-violence (ahimsa) et le refus de tuer un être vivant, le culte de la nudité et l'importance du poids de ses actes (karman). De plus, tous les éléments primitifs seront repris et transmis par le courant souterrain du tantrisme.

De la synthèse qui s'opère tout au long de l'histoire des Indes, le yoga classique ressort comme formé de quatre piliers s'unissant à leur sommet. Par là, il englobe l'homme dans toutes ses dimensions. Il y a un karma-yoga, ou yoga de l'action, qui reprend toutes les règles brahmaniques du devoir d'état selon sa condition, en le transposant dans la nécessité de l'action désintéressée, par pur service, sans aucune recherche de récompense. De même, le second pilier, le bhakti-yoga ou yoga de l'amour et de la dévotion, reprend toute la ferveur religieuse envers les dieux et cherche à l'intégrer au yoga à travers le culte du gourou. Semblablement le jñana-yoga ou yoga de la connaissance correspond à toute la recherche philosophique à partir des Upanishads et des Darshanas en particulier les plus spéculatifs, le Samkhya et le Védanta. Le quatrième est le hatha-yoga ou yoga du corps dont nous allons nous occuper exclusivement. Ainsi, la volonté, l'action et la vie pratique s'unissent au cœur, à l'amour et à la vie affective avec la pensée et la vie intellectuelle pour se joindre au corps dans la totalité indissoluble de l'homme intégral. Ces quatre piliers se joignent au sommet pour former le Raja-yoga ou yoga royal qui est leur tête et leur couronne. Il reprend tous ces éléments, mais vus d'en haut du but final qui est la réalisation suprême, car, il est centré dès le début sur la méditation.

On parle de bien d'autres yogas, mais il s'agit d'une des techniques des précédents sur laquelle on s'est centré et qui devient l'axe de toutes les pratiques. Et cela est possible car chaque facette reflète l'ensemble du diamant. Nous verrons ceux qui ont trait au corps en étudiant le hatha-yoga, il suffit d'ajouter le mot yoga à chacune de ses techniques pour avoir une voie particulière qu'il n'est donc pas utile d'énumérer ici.

Dans son ensemble le yoga apparaît comme une *Weltanschauung*, une vision de l'univers, qui n'est comparable qu'au christianisme ou au marxisme. Et il apparaît même bien plus complet. Ainsi il comprend une gymnastique, un entraînement respiratoire, une hygiène avec ses techniques de propreté et de purification, une science de la relaxation, une diététique et une hygiène alimentaire, une science de l'équilibre corporel et psychique, un éveil des énergies du corps, une yoga-thérapie avec une médecine physique et mentale, une maîtrise du sommeil, des rêves, de la thermorégulation, de la douleur, de la digestion, de la régulation cardiaque, une psychologie à la fois théorique avec ses cadres de référence, expérimentale, avec ses sujets d'étude et d'expérience, et pratique avec l'éducation des fonctions mentales, donc une culture psychique portant sur la perception, l'attention, la mémoire, l'imagination, la créativité, la volonté et la maîtrise des idées, une théorie de l'inconscient avec ses techniques de nettoyage, une métahysique avec sa cosmologie, son anthropologie et sa théologie, théodicée, théosophie, une philosophie avec sa logique, son épistémologie, sa morale, son éthique, son axiologie, une théorie de la connaissance salvatrice et de l'action libératrice, un art de vivre, des mythes, des rites, une science de l'ascèse, une magie blanche et noire, une extraordinaire science de la mystique, de la dévotion et de l'amour, une connaissance du corps subtil, un art de l'extase, etc.

C. Le hatha-yoga ou yoga du corps

1. Présentation

Parmi ces cinq principaux yogas, celui qui s'est répandu en Occident et qui a eu le plus grand succès, est le yoga du corps. Justement, parce que le corps avait été tragiquement oublié et méprisé dans notre civilisation. Ce n'est pourtant pas le plus répandu aux Indes et il est considéré comme la voie la plus longue et la plus difficile. La plus dangereuse est le Jñana qui développe le mental et la plus courte et la plus agréable est la Bhakti pour ceux chez qui elle se déclenche. Ce yoga du corps est celui de l'effort et de la volonté et ce n'est pas pour rien qu'il a eu du succès en Occident, car il correspond à notre individualisme et notre projet de tout faire par nous-même, au lieu de nous abandonner à la Grâce. Il est dit dans la *Goraksa Samhita* que HA signifie le soleil, la polarisation positive et mâle de l'énergie et THA signifie la lune, la polarisation négative et féminine. Le hatha-yoga est l'union du soleil et de la lune, du masculin et du féminin, de l'énergie corporelle et féminine, du chaud et du froid.

Ce yoga utilise toutes les parties du corps pour mener à l'extase et à la réalisation. Comme on ne peut pas les travailler à égalité toutes à la fois, on se spécialise dans l'une ou dans quelques-unes. Mais il existe des yogas d'absolument toutes les parties du corps : yeux, oreilles, langue, gorge, nez, cœur, poumons, diaphragme, ventre, colonne vertébrale, pieds, mains, sexe...

Le hatha-yoga est un yoga tantrique. Autrement dit, quatre-vingt-dix pour cent des techniques du hatha-yoga que nous allons exposer sont en fait tantriques. On peut considérer que provient de lui, tout ce qui a trait au corps subtil. Il s'agit de déclencher l'extase corporellement sans attendre la venue de la Grâce en faisant remonter et en transmuant l'énergie sexuelle.

Le yoga enseigne en effet que l'être humain est formé de cinq corps. D'abord, il y a le corps physique, le seul que les Occidentaux connaissent, appelé corps de nourriture (*anna maya kosha*) ou plus exactement enveloppe d'illusion la plus dense. Il n'est que la matérialisation et la densification d'un corps d'énergie (*prâna maya kosha*). Il provient d'un corps mental (*mano maya kosha*) qui est ce que nous appelons l'esprit ou la personnalité, et nous savons que l'esprit sécrète et sculpte la chair. Mais lui-même est le produit d'un corps plus secret et plus puissant, le corps d'intuition ou corps de lumière (*vijnana maya kosha*). Au centre, se trouve le noyau de l'être, le germe, la partie essentielle, celle qui transmigre et re-secrète les trois autres corps, le corps causal appelé corps de béatitude (*ananda maya kosha*). Lorsqu'en traversant les trois autres enveloppes on arrive à prendre contact avec lui, l'extase apparaît.

Mais cela se fait grâce au deuxième corps, le corps d'énergie (appelé parfois en Occident, corps de sensibilité, corps éthérique, corps astral). Il est formé des énergies qui assurent les fonctions corporelles, avec des conduits et des centres, et permet l'éveil de l'énergie divine féminine. Les premières énergies corporelles sont les *vayus* (les vents ou souffles). Régit tout le bas du corps *apâna* qui est l'énergie d'élimination et d'excrétion, elle est dirigée vers le bas et est de couleur bleu foncé. Au-dessus se trouve *vyâna*, l'énergie vitale de la circulation (du sang, de la lymphe, des nerfs...) brillante comme une flamme. Puis vient *samâna*, l'énergie de l'assimilation qui habite tout le corps et est blanc brillant. La plus importante pour le yoga est *prâna,* le souffle vital de la respiration de couleur rouge, qui est dans la poitrine et monte vers le haut. Enfin *udâna,* blanc pâle, est l'énergie de l'élimination vers le haut, de l'expectoration (hoquet, toux, baîllements, éternuements...). Le premier travail du yoga est par les techniques respiratoires de ressentir le prâna de l'air, d'apprendre à l'assimiler, puis de le bloquer et de le forcer à descendre vers le bas du corps. En même temps par des contractions de la base et du ventre, on fait rebrousser chemin à Apâna et on le force à remonter. Lorsque prâna et apâna entrent en jonction se produisent les processus ultimes du yoga.

Ces énergies circulent et se diffusent dans tout le corps par des conduits (nadis) ou méridiens. Ils correspondent aux méridiens de surface de l'acupuncture, mais existent à l'intérieur. Rien que pour prâna, il y en a soixante douze mille, qui se ramifient comme les aborescences nerveuses. Une quinzaine sont plus connus et portent des noms. Parmi eux trois sont essentiels. *Ida* à gauche, correspond à la lettre Ha, et à l'énergie froide, lunaire, féminine, négative, de la couleur de la lune. *Pingala* à droite, correspond à la lettre Tha et à l'énergie chaude, solaire, masculine, positive, de couleur du feu. Au centre, se trouve *Sushumma* neutre, de la couleur de la fleur d'amandier sauvage, autour d'elle s'enroulent les deux autres sans se toucher, allant du testicule à la narine du même côté.

Le long de sushumma se trouvent sept centres principaux plus quatorze secondaires. Ces centres sont appelés des *padma* ou lotus car, lorsque l'énergie monte dans le canal central, ils s'ouvrent comme des fleurs. La base du pédoncule de la fleur (*bija*) se trouve dans sushumna qui est dans le corps d'énergie mais dont la correspondance dans le corps matériel de nourriture est le canal médullaire de la colonne vertébrale. La corolle et les pétales s'épanouissent sur le devant du corps. Le premier, *muladhara* (fondement de la base) se trouve au périnée et a quatre pétales rouges. Le second *svadhistana* (base de soi) s'enracine au sacrum et s'ouvre au pubis, avec six pétales rouges. Le troisième *manipura* (la ville de joyaux) est au plexus solaire, il a dix pétales d'or. Le quatrième *anahata* (le son non frappé) est au centre de la poitrine où il s'épanouit en un lotus à douze pétales rouge flamboyant. Le cinquième *vishudda* (le purifié) au creux de la gorge a seize pétales d'or. *Ajna* (le centre de commande) est le troisième œil de Shiva là où les Hindoues mettent un point rouge, il n'a que deux pétales blancs. Au sommet de la tête, *brahmarandhara* (le trou par lequel est entré Brahman) correspond aux fontanelles ; là se joignent les trois conduits. Au-dessus fleurit le lotus aux mille pétales (*sahasrâra*) d'où s'écoule l'ambroisie et par lequel se fait la communication avec les Sources et la Conscience cosmique.

À la base du canal central se trouve un nœud comme un œuf (le kanda) dans lequel se trouve l'énergie divine. Elle correspond à l'énergie féminine, la Shakti, la puissance de manifestation, qui s'est endormie là au centre de la Terre, parvenue au bout du rouleau. Elle est enroulée sur elle-même en trois spires et demie, lovée comme un serpent et s'appelle donc la *Kundalini* (la lovée). Les diverses techniques corporelles du yoga servent à nettoyer, unifier et ouvrir tous ces canaux. Puis les rétentions respiratoires l'asphyxient et elle se réveille et commence à se dérouler. Il faut alors par ses sensations la faire se dresser, entrer dans le canal central (*Sushumma*). En montant elle réveille les énergies assoupies, car ces centres nerveux (plexus coccigyal ou sacré, solaire, cardiaque, carotidien) sont considérés comme ayant joué des rôles pendant l'évolution puis s'étant endormis. Respectivement s'éveillent les énergies, les sensations, la volonté, l'amour, la clair-audience et la clair-voyance. En montant la kundalini ouvre ces centres, fait s'épanouir leurs fleurs et libère leurs pouvoirs.

Le yoga classique apparaît comme l'un des six darshanas de l'Inde. On les appelle les philosophies ce qui est impropre car le terme signifie « points de vue » et qu'il s'agit pour les Hindous de six points de vue complémentaires sur la même réalité et non de philosophies opposées. Le yoga est lié au samkhya (les dénombrements ou cosmologie des articulations de la manifestation) comme la pratique de cette théorie. Le texte de base est donc les *Yoga-sutras* de Patanjali, auteur que l'on situe au IIIe siècle avant notre ère. C'est un exposé du yoga plutôt psychologique, centré sur la méditation donc proche du raja-yoga. Nous la compléterons par les traités plus techniqes de hatha-yoga que sont la *Hatha-yoga Pradipika*, la *Ghéranda Samhita*, la *Shiva Samhita*, la *Goraksa Samhita*, etc. On l'appelle l'*Ashtanga-yoga*, le yoga aux huit membres, car il expose le yoga selon huit parties, qui ne sont pas des degrés ni des étapes mais bien des membres liés. Et nous suivrons donc son fil directeur (*sutra*).

D. L'Ashtanga-yoga ou yoga aux huit membres

1. Les disciplines, yama

1) La non-violence (*ahimsa*). Elle s'étend à tous les êtres vivants et implique donc une alimentation végétarienne. Il paraît aux Hindous aussi impensable

de manger de la vache, qu'aux Français du chien. À travers la reconnaissance pour le lait, ils l'associent en effet à la mère. De plus la méditation fait saisir qu'au regard de la Conscience universelle les efforts de tout être vivant pour survivre sont égaux et la parenté avec toutes les formes de vie est ressentie.

2) La vérité (*satya*). La vérité se détaille en véracité, franchise, sincérité et loyauté. Son fondement est l'authenticité, on ne peut être vrai qu'en étant fidèle à sa nature. Cette vérité s'expérimente dans chaque posture qui doit être prise et tenue dans le respect de sa forme correcte mais aussi de son corps, sans tricher en aucune manière.

3) L'honnêteté (*asteya*) est le respect de ce qui appartient à autrui et la fidélité à ses engagements. Elle est aussi le refus de se laisser acheter par des cadeaux.

4) La maîtrise sexuelle (*brahmacharya*). Elle est pour les Hindous la condition de la puissance. Elle prend diverses formes selon les conditions, les âges et les types de yoga pratiqués. Mais de toute manière elle est fondamentale en yoga, puisque l'énergie sexuelle conservée doit être inversée et, dans son cours ascendant dans le corps se transformer en énergie spirituelle. C'est cela le secret du yoga et le fondement de toutes les techniques.

5) La non-avidité (*aparigraha*). Elle commence dans la maîtrise de la pulsion alimentaire et s'étend ensuite à tout type de possession (argent, cadeaux, enfants...).

2. Les observances, nyama

1) La propreté (*saucha*). C'est d'abord une technique corporelle qui comprend les bains rituels et le nettoyage minutieux de toutes les parties du corps. Mais

c'est aussi une purification du corps d'énergie en particulier, avec les shat karmas (voir plus loin) et les respirations. Et cela touche aussi l'orgueil ou la colère ; de la propreté on passe à la pureté.

2) La joie (*samtosha*). Vivre dans la joie est une technique d'hygiène corporelle élémentaire. La psychosomatique fait découvrir que la source profonde du cancer et d'autres maladies mortelles est la désespérance dans la vie. Partout un moine triste est un mauvais moine. Et lorsque s'opère progressivement la divination de son être, on ne peut que vivre dans une exaltation émerveillée et un perpétuel magnifiquat.

3) L'ascèse (*tapas*). Il n'est pas possible de progresser dans une voie spirituelle sans ascèse. Mais ce n'est pas l'ascèse pervertie des chrétiens qui est inspirée par la somatophobie et finit toujours par fouetter le corps dans la culpabilité. Les ascèses du yoga sont des techniques d'hygiène corporelle. Les principales sont le jeûne, le silence, l'immobilité, les retraites... *Tapas* signifie échauffement et sa base est donc avec l'éveil des énergies, la maîtrise de la thermorégulation. Les pratiques ascétiques forgent la volonté et assurent la maîtrise du corps et des passions, mais elles doivent être faites dans la plus totale humilité pour ne pas développer la force de l'ego.

4) La connaissance du Soi (*svadhyaya*). La découverte du Soi passe par la connaissance du corps, du mental et de l'inconscient. Elle inclut toute l'exploration psychologique ; avec l'aide d'un maître elle équivaut à une psychanalyse, ou en Occident elle se l'adjoint. C'est le « Connais-toi toi-même » qui se complète par la lecture quotidienne et la méditation des grands textes des écritures sacrées (smriti et shruti).

5) L'abandon au Seigneur (*Ishvara pranidhana*). D'autres voies du yoga sont centrées sur la bhakti ou

beaucoup plus dévotionnelles comme la Bhagavad-Gita (Le Chant du Seigneur) ou les cultes de Shiva, Rama, ou Krishna... Celui de Patanjali est le plus laïque et psychologique possible. Mais il n'est pas possible d'éliminer l'aide que peut représenter l'appel aux grandes images divines, aux grands courants de dévotion et aux archétypes de sa culture. C'est par ce point que Patajali le réintroduit en s'abstenant de donner un nom au divin et de choisir entre les images de ses diverses manifestations. Là aussi la manière de vivre dans son corps, change selon que l'on se considère comme le jouet de forces aveugles dans un monde soumis au hasard et à la nécessité, ou que l'on perçoit l'action incessante de la Providence divine dans le monde, autour de soi et en soi (un athée ne pouvait faire de géométrie pour Descartes).

3. Les postures, asanas

1) Les salutations. Ce sont des enchaînements de postures qui étirent et dynamisent le corps. Le cours de yoga s'ouvre avec *Surya namaskara* ou Salutation au soleil, qui est le rite d'adoration matinale des peuples du Cachemire. Il se ferme avec *Bhumi sparsha mudra*, la salutation à la terre, qui est remerciée pour son apport et son aide, comme elle est invoquée par la danseuse hindoue qui lui dit qu'elle est plus précieuse pour elle que la prunelle de ses yeux.

2) Les postures (*asanas*). Les traités disent qu'il y a 84 postures, dont trente-deux principales. Mais leur nombre, et surtout leurs noms varient, selon les écoles. En gros, il y a un accord sur une trentaine de postures de base. Actuellement, le meilleur traité descriptif nous paraît être celui de B.K.S. Iyengar. Le fondement de tout le yoga est que pour calmer l'esprit et stopper

le mental, il faut commencer par immobiliser le corps. Donc le travail des postures de yoga est exactement le contraire de la mentalité occidentale. Ici le mental est toujours agité et que l'on cherche la santé, la souplesse, la musculation, la force, etc., le moyen est toujours le même, bouger et répéter, que ce soit dans la gymnastique, la danse, la culture physique ou l'acrobatie. Donc en Occident, on ne parle que de mouvements, alors que dans le yoga il n'y a que des postures. Le corps prend une posture et cherche, en s'y habituant, à la garder immobile le plus longtemps possible. On peut considérer qu'il existe quatre catégories de postures : les postures de méditation, de délassement, d'équilibre et d'énergie.

a) Les postures de méditation méritent pleinement le nom d'asanas, car il vient du radical SAD, être assis. Il s'agit de l'assise ou de l'assiette. Pour pouvoir méditer il faut que l'esprit se concentre et s'immobilise et pour cela, il faut rester sans bouger pendant des heures. Le corps, pour rester en équilibre et la colonne vertébrale bien droite, doit avoir une bonne assise. Les genoux et toute la face extérieure des jambes doit reposer sur le sol. Ceci exige une rééducation de l'articulation coxo-fémorale pour retrouver la souplesse de tous les bébés. Il existe quatre manières principales de croiser les jambes : les deux pieds dans les aines (padmasana ou le lotus), les deux pieds entre les mollets et les cuisses (svastikasana ou le petit lotus), un pied sur le genou opposé, l'autre dessous (le demi-lotus), un seul pied entre le mollet et la cuisse opposée, l'autre sous le périnée (siddhasana, la posture de la perfection).

b) Les postures de délassement ont été inventées par les yogis pour se détendre après une longue méditation. Elles servent à retrouver l'énergie et à faire circuler cette énergie dans tout le corps. Ce sont les plus nombreuses.

c) Les postures d'équilibre sont la forme parfaite des postures. Elles impliquent une très bonne maîtrise du corps et exigent une absolue concentration. Si une pensée traverse l'esprit, alors on est distrait et on perd l'équilibre. Par conséquent, de par l'union entre le corps et l'esprit que produit le yoga, l'équilibre du corps engendre l'équilibre de l'esprit et de la personnalité.

d) Les postures d'énergie correspondent à l'autre possibilité : éveiller la Kundalini et la faire monter au sommet de la tête, ce qui stoppe le mental en déclenchant l'extase. Elles sont fort nombreuses. Dans le corps physique, elles sont une stimulation des glandes endocrines et du plexus nerveux. On peut considérer que chaque posture de yoga déclenche une énergie spécifique, chacune a sa forme particulière. Mais les élèves mettent longtemps à le ressentir et à pouvoir diriger cette énergie. Les principales postures travaillent sur la stimulation du centre l'énergie du périnée puis font monter cette énergie le long de la colonne vertébrale. D'autres, au contraire, cherchent à inverser le court naturel de l'énergie, la tête en bas.

Les noms des postures sont fort divers et correspondent à ces énergies spécifiques. La plupart ont des noms d'animaux et font percevoir l'énergie de cette espèce animale, en réveillant ce qui, dans le corps de l'homme leur correspond. Sans doute sont-elles des survivances de la participation totémique, d'origine chamanique. D'autres ont des noms d'arbres, de plantes ou de fleurs, et agissent de même. Il y a des postures dédiées à des dieux hindous ou à certains de leurs aspects (Shiva, roi de la danse). Enfin, certaines portent des noms de grands yogis qui ont obtenu l'illumination dans cette posture, qui était leur préférée.

Le travail sur les postures est aussi un travail de maîtrise de la douleur, et donc une ascèse. Au début elles sont plus ou moins douloureuses. On se concentre alors sur cette douleur, ce qui est aisé et naturel, alors elle devient purement intellectuelle et l'on finit par ne plus rien sentir.

À ce moment-là on arrive à bien se relaxer. La relaxation est le trait distinctif du yoga. Beaucoup de ces postures, surtout les plus spectaculaires, sont bien connues des gymnastes, mais la différence est qu'ils les prennent en force ou avec un élan, alors qu'en yoga, elles sont prises et tenues dans la plus totale relaxation, avec le moindre effort. L'énergie ne s'éveille et ne circule que si l'on est le plus possible relaxé.

3) Les nettoyages (*Shat Karma*). Ces six actes sont des techniques corporelles de nettoyage du corps physique et surtout de purification du corps d'énergie. Dans certaines écoles de yoga aux Indes, on commence par là, on les pratique pendant six mois et ce n'est qu'après les avoir maîtrisées qu'on apprend les postures.

a) *Neti* est le nettoyage ou lavage du nez. Le plus répandu se fait avec de l'eau que l'on inspire avec une narine et fait ressortir par l'autre. Puis, par des expulsions respiratoires, on nettoie complètement le nez qui est ainsi débarrassé de toutes ses mucosités. Toutes ces techniques sont liées à la médecine traditionnelle hindoue Ayur-védique. Dans certains cas pour guérir des troubles des voies respiratoires, on peut utiliser du lait ou de l'huile, ou un fil de coton humidifié qui entre dans le nez, ressort par la bouche et est animé d'un mouvement de va-et-vient.

b) *Kapalabhati* est un nettoyage des voies respiratoires par de brusques expirations de l'air produites par une contraction rapide du diaphragme, comme dans un éternuement.

c) *Trataka* est le lavage naturel des yeux obtenu en fixant un objet sans ciller jusqu'à ce que les larmes se mettent à couler abondamment.

d) *Nauli* est le massage de tous les viscères du ventre. Le ventre est d'abord rentré, avalé comme dans le vomissement. Puis on fait ressortir les grands droits (rectus abdominus) comme une corde au centre, on les amène à gauche, à droite et on les fait tourner sur place.

e) *Dhauti* est le nettoyage de l'estomac. Comme pour les précédents il en existe de nombreuses variantes. *Vamana* ou *kunja* est le nettoyage par vomissement ; le matin à jeun on boit de l'eau salée jusqu'à ce qu'arrivent les nausées, on les surmonte, fait des barattements du ventre, boit encore puis, en mettant l'index au fond de la gorge, on vomit le tout. *Vastra-dhauti* se fait avec une bande de gaze de sept mètres de long, trempée dans de l'eau salée ou du lait, que l'on avale lentement, en prenant la précaution d'en laisser sortir quelques décimètres. Puis on baratte le ventre et on fait sortir le tissu en tirant très lentement et en s'arrêtant longuement chaque fois qu'il y a un blocage dans la gorge.

f) *Shank-pakshâlana* est le nettoyage de l'intestin. Boire le matin un litre d'eau salée et pratiquer quatre postures qui la font descendre directement dans l'intestin. Recommencer six fois le cycle et aller aux toilettes. Puis continuer jusqu'à ce que l'eau évacuée soit absolument claire. Une heure après prendre un repas de riz blanc beurré. *Bahish krita* se fait de la même manière, mais uniquement avec de l'air et est d'un apprentissage beaucoup plus difficile.

g) Des techniques de brossages des dents (*danta*) de râclage et massage de la langue (jihvâ), de nettoyage des oreilles (karna) ou de l'anus (mûla-Shodhana) sont d'une pratique plus aisée.

h) *Jala-basti* est le nettoyage du rectum. Assis dans de l'eau on l'aspire par l'anus (au début avec un tuyau de bambou) puis on pratique la nauli et l'on rejette l'eau jusqu'à ce qu'elle sorte propre.

i) *Vajroli* est le nettoyage de la vessie. On place le pénis dans un verre d'eau et on l'aspire, on baratte puis on rejette l'eau. Au début, il faut s'aider d'une sonde dans l'urêtre pour vaincre la résistance du sphincter.

Tous ces exercices servent comme remèdes dans la médecine ayurvédique, ont une action de purification du corps d'énergie et sont surtout d'excellents instruments d'union de l'âme et du corps. Par la maîtrise de la volonté qu'ils impliquent, ils renforcent la domination de soi-même, mais ne peuvent se faire sans l'accord du corps qui n'est donc plus un ennemi.

4) Les sceaux (*mudras*). Les mudras sont en général des postures qui éveillent spécialement l'énergie de la kundalini. Il y en a dix-huit principaux. *Khechari-mudra* consiste à retourner et étirer la langue dans le palais jusqu'à ce qu'elle vienne boucher l'une ou l'autre ou les deux fosses nasales. *Ashivini-mudra* consiste à contracter et remonter les muscles releveurs de l'anus. *Shambhavi-mudra* permet de voir sans regarder, les yeux ouverts le regard totalement intériorisé, jusqu'à ce que le monde s'évanouisse. *Yoni-mudra* se fait en fermant avec les dix doigts, les lèvres, les narines, les yeux et les oreilles ; on est enfermé comme dans la matrice (yoni) en totale concentration. *Viparita-karini* est une posture inversée, qui permet à l'énergie qui coule du palais de ne pas être brûlée dans le feu gastrique. Enfin, *yoga-mudra* et *maha-mudra*, en se penchant en avant, lancent l'énergie dans la colonne vertébrale. *Tadani-mudra* aussi, mais se fait assis sur le sol en lotus, on s'élève sur les mains puis se laisse

retomber en battements. Mais il ne doit être fait qu'au moment opportun.

Il existe en plus des mudras des mains, ou positions hiératiques. Elles ferment des circuits d'énergie, en mettant, par exemple, le bord intérieur de l'index contre le bord intérieur du pouce. Ou bien elles sont les symboles des dieux qu'elles invoquent : Shiva, deux mains paume contre paume dans le dos, ou doigts enlacés sauf les deux index tendus et collés, la Shakti, bouts des index et des pouces collés, doigts étirés, Bhumi, la terre un triangle pointe en bas fait avec les deux pouces et les deux index. Un certain nombre sont empruntés au Bharata-Natyam, la danse sacrée, qui en utilise des quantités.

5) L'alimentation et la diététique. La plupart des anciens traités consacrent de nombreuses pages à décrire ce que doit manger un yogi et ce qui lui est interdit. Ces aliments sont pour nous difficilement transposables. Le yogi dans son entraînement a besoin d'une alimentation riche et énergétique, à base surtout de lait. Il ne doit pas jeûner, ni trop manger. Mais plutôt que de reprendre ces listes interminables, il convient d'insister sur la manière de manger.

Le yoga de la bouche, comme celui de la respiration, est dans la maîtrise de l'avidité à incorporer. Nous avalons la nourriture en nous pressant et l'esprit ailleurs. Le repas peut être un exercice de yoga si l'on est tout à ce que l'on fait, donc sans télévision, lecture ou conversation. Comme dans les monastères seulement de la reconnaissance pour l'énergie divine contenue dans la nourriture et pour ceux qui l'ont préparée. Pour bien assimiler cette énergie il faut mâcher chaque bouchée vingt-et-une fois avant de l'avaler. Alors on peut découvrir le vrai goût des aliments, on est plus vite rassasié, car une partie de l'avidité est dans le besoin de stimulations gustatives, et l'on digère plus facilement sans dépense d'énergie, car les aliments bien mâchés sont pré-digérés par les sucs salivaires. Ce n'est qu'ainsi que l'on peut assimiler directement l'énergie (prâna) des aliments.

4. La respiration, *prânayama*

1) La rééducation respiratoire. D'abord le travail commence par une rééducation de la cage thoracique. Respirant dix-huit fois par minute, nous ne ventilons qu'un demi-litre d'air à chaque respiration, au lieu de deux à trois litres ; nous avons laissé s'atrophier tous nos muscles respiratoires et notre cage thoracique est devenue une cage qui nous enferme. Il s'agit de pouvoir la dilater vers l'avant, l'arrière (respiration dorsale), les côtés (respiration intercostale), le haut (respiration sous-claviculaire) et surtout le bas (respiration abdominale qui inclut le réveil du diaphragme qui est un muscle mort chez la plupart des Occidentaux). Le yoga apprend de plus, à pouvoir respirer par une seule narine et un seul poumon à volonté.

2) L'assimilation de l'énergie. *Prânayama* signifie en fait non pas respiration, mais assimilation de l'énergie contenue dans l'air, le prâna. C'est l'accès à un nouveau mode d'existence, car la seule source d'énergie que nous connaissions est la nourriture. Aussi, nous nous en emplissons et comme elle est bafrée, elle nous encombre le corps après de tous ses déchets. Pouvoir tirer directement l'énergie de l'air (ou du soleil par l'ensoleillement) permet de réduire considérablement son alimentation. Mais pour cela, il faut compresser l'air, comme dans la marmite de Papin, donc protéger le corps des pressions exercées par l'air.

3) Les ligatures ou *bandhas*. Pour pouvoir faire de longues rétentions respiratoires, il convient de proté-

ger le cerveau car, sinon on devient tout rouge et le sang monte à la tête. Avec une compression du plexus carotidien, qui ralentit les battements de cœur, on repousse l'air de la gorge vers le bas. Au contraire, on soutient la pression vers le bas en contractant et faisant remonter les muscles du périnée (sphincters, releveurs de l'anus et des bourses) et en avalant le ventre. Ceci induit la remontée de l'énergie descendante (apana) et opère la jonction avec l'énergie de l'air (prâna). La ligature de la langue la fait remonter vers le palais, puis dans la gorge.

4) Les respirations rythmées ou *prânayama*. Pour réaliser cette assimilation du prâna, la respiration est très lente. Le rythme le plus fréquent est de faire durer la rétention pleine et la rétention vide quatre fois plus longtemps que l'inspir et l'expir. Mais il existe de très nombreux rythmes, et certains préfèrent les rapports impairs. En principe on ne respire que par le nez, qui reste toujours vide et libre. Pour se rafraîchir on peut aspirer l'air par la bouche, la langue sortie en U. Il y a deux degrés de respiration sonore. Dans la respiration de la victoire on fait frotter l'air sur la glotte ce qui produit un bourdonnement intérieur, qui aide à se concentrer. Il est possible aussi de produire une respiration aiguë qui a le son de l'abeille qui vole (Brahmari). Les divers autres types de respiration purifient le corps physique, mais surtout le corps énergétique (les nadis ou conduits) et provoquent la transpiration et des tressautements, puis l'éveil de la Kundalini.

5) La respiration consciente, *vidya-prânayama*. Notre respiration est automatique, régulière. Il faut beaucoup d'attention, de concentration et d'entraînement pour arriver à respirer automatiquement et consciemment. Alors, la respiration devient une prière consciente. On découvre en effet que l'on ne respire pas

par soi-même volontairement mais que l'on est habité par le Souffle de la vie, dans son va-et-vient incessant. Comme l'univers est émis et résorbé en Dieu par sa respiration cosmique, l'homme prend et donne. En Occident, on n'insiste que sur la prise, l'inspir, aussi le yoga demande-t-il de donner plus que de rendre et donc d'expirer en trois fois plus de temps que pour l'inspir. Si l'on joint la récitation d'un mantra (formule sacrée), une syllabe sur l'inspir, une syllabe sur l'expir on a la prière naturelle. Ces techniques ont été reprises dans le bouddhisme et dans l'hésychasme, car la respiration est le meilleur point de jonction entre l'âme et le corps.

6) Les actes, *kriya*. Ce sont des enchaînements et des combinaisons de postures, de respirations et d'éveil de l'énergie. C'est la forme la plus complète du yoga physique. Mais ils n'ont de sens que si les énergies ont été éveillées par un guru, sinon c'est vouloir jouer du violon, sans l'avoir appris. Comme ce sont en fait des méthodes de concentration, nous les détaillerons dans ce paragraphe.

7) La maîtrise du cœur. À ce niveau une première maîtrise du cœur est déjà atteinte. Elle a été récemment prouvée par le bio-feed-back à l'aide d'enregistrements. Il est possible assez rapidement de relaxer volontairement ses muscles (myographie), de réguler ses battements de cœur (électrographie), d'augmenter ou de diminuer sa température, d'échauffer une partie du corps, etc. Les yogis hindous sont passés maîtres dans la totale possession de leur cœur. Ils peuvent en quelques secondes faire battre leur cœur à 180 battements/minute et le faire tomber à 12. Ils peuvent s'arrêter de respirer et tomber en catalepsie, de nombreuses démonstrations ont été faites de yogis enterrés pendant plusieurs jours, ou plus récemment

descendus dans un cercueil étanche au fond d'une piscine.

5. Le retrait des sens, *pratyahara*

1) Les organes des sens. Le système des sens en yoga est plus complexe que ce que nous connaissons en Occident. Les organes des sens ne sont pas conçus comme purement passifs, mais ont aussi une partie active. Dans le corps énergétique, les organes des sens sont conçus comme des tentacules (*indriyas*) qui sont projetées à l'extérieur pour aller vers l'objet et en saisir les sensations. Les cinq sens que nous connaissons sont liés aux différents centres d'énergie : l'odorat est lié au centre de la terre dans le périnée, le goût au centre de l'eau dans le sacrum, le toucher au centre du feu dans le plexus solaire, la vue au centre de l'air dans le cœur, l'ouïe au centre de l'espace dans la gorge.

À ces cinq indriyas de connaissance (*jnânendriyas*) s'ajoutent cinq autres sens d'action (*karmendriyas*). Ce sont, dans l'ordre inverse : la langue (le langage, la parole, le verbe, le stade oral), la main (le geste, la préhension, l'outil, les schèmes techniques et la pensée opératoire selon Piaget), le pied (la stabilité, le déplacement, le mouvement), l'organe sexuel (la procréation, la reproduction, la sexualité, le plaisir, l'amour et le stade génital), les organes d'excrétion (l'évacuation, les biens, les richesses, le stade anal).

Pour le yoga il faut ajouter un sixième (ou onzième) sens, le sens commun (sensorium commune de la scolastique aristotélicienne), manas (mens, mind, mental). C'est la part intellectuelle dans la perception qui informe la sensation brute et ce faisant constitue la première activité de la pensée.

Par conséquent, le retrait des sens est à prendre

littéralement, il s'agit de faire rentrer dans son corps les tentacules des sens tendues vers l'extérieur, selon l'image traditionnelle de la tortue qui rétracte dans sa carapace ses cinq organes (quatre pattes et la tête). Ce n'est qu'à ce prix que peut se faire la concentration. Il faut extraire ses intérêts du monde extérieur pour les rapporter à l'exploration du monde intérieur et à la découverte du Soi.

La démonstration en a été fournie par les expériences scientifiques. Le chat est un animal très concentré. Sous casque électro-encéphalographique, on lui fait entendre un métronome dont on lit le tracé sur l'enregistrement. Si on lâche une souris, plus rien n'apparaît dans l'enregistrement, le chat n'entend plus le métronome. Des expériences équivalentes ont été faites sur des méditants avec plus de précision, car l'on peut dire où se fait l'inhibition de l'influx nerveux. Lors d'un bruit pendant une méditation la sensation parvient au cerveau des débutants, mais elle n'y arrive même pas avec les maîtres en méditation, l'influx nerveux s'annihile dans le nerf transmetteur.

2) Le yoga des yeux (*drishti-yoga*). La posture de méditation permet de se concentrer en se coupant de tous les sens. Mais on s'y prépare en apprenant à se concentrer les yeux ouverts. *Trataka* est la fixation oculaire sur un objet (statue, photo, dessin...). Une forme particulièrement importante est la contemplation de la flamme d'une bougie. Rien ne permet mieux de se calmer et de purifier les pensées. Toute une série d'exercices en proviennent. Bachelard a d'ailleurs écrit un livre sur tout ce qu'inspire la contemplation d'une flamme de chandelle.

On s'est moqué des yogis méditant en contemplant leur nombril ou le bout de leur nez. Mais ces techniques dans leur pureté originelle ont leur justification. Le bout du nez est une erreur de traduction car il s'agit en réalité de l'autre bout, la racine du nez. Les yeux convergent légèrement vers l'hypophyse correspondant au troisième œil que possèdent sous la peau les serpents. Lorsque les paupières sont fermées cela a l'avantage de stopper les déplacements des globes oculaires qui sont liés à toute distraction. Quand on observe un objet, les yeux se déplacent sans cesse, et l'esthétique expérimentale connaît les tracés majoritaires que l'on suit statistiquement sur les tableaux célèbres. Dès que l'imagination s'éveille dans le rêve, lors du sommeil, les yeux suivent les images en mouvements saccadés. Les méditants l'avaient découvert il y a des millénaires et recommandaient donc pour stopper les pensées de faire converger légèrement les yeux, ce qui les empêche de remuer.

De plus, lorsqu'on fait cette technique les yeux ouverts, avec un regard fixe à l'infini, on arrive en se détendant à séparer les images de chaque œil. On voit alors les objets se dédoubler, puis tout le paysage en face de soi. Ceci aide à vaincre la séduction du monde et l'habitude que nous avons prise de construire nos perceptions selon les règles de notre culture. De plus, si l'esprit arrive à passer entre les deux images d'un même objet, il entre dans l'autre monde. C'est la technique du clair regard qui mène avec *Shambavi mudra* (voir le monde entier sans rien regarder) au Samadhi les yeux ouverts.

Il existe bien d'autres techniques du regard. Par exemple, se regarder à deux dans les yeux pendant très longtemps. De nombreuses variantes existent, mais il faut bien connaître la personne avec qui on fait l'exercice, car on ne contrôle pas tout et beaucoup de choses peuvent se produire. En réalité, c'est une technique de transmission d'énergie des maîtres. Leur regard se module autrement, ils émettent, enseignent et transforment ainsi.

3) La concentration sur un point, *ékagrata*. Cette technique fait passer du physique au mental, car elle se fait plus en imagination qu'en réelle perception. Il s'agit de réduire de plus en plus son champ de vision pour l'amener à la contemplation d'un seul point.

4) Les sens internes. Il existe un double retrait des sens. Le premier consiste à se délivrer de la tyrannie du monde extérieur, pour pouvoir penser à soi. Il faut pouvoir ne plus dialoguer avec le monde, ne plus l'écouter, pour se concentrer. Et, dans une première étape, le yoga fait s'intéresser au corps, le ressentir, le vivre, l'habiter. D'où le reproche fait au yoga de favoriser le narcissisme. Mais dans un second temps, après s'être solidement incarné, il convient aussi de cesser le dialogue avec le corps. La relaxation donne comme disent les textes « un corps de bois mort ». Plus aucune sensation interne (douleur, plaisir, froid, chaud, digestion, circulation...) ne provient du corps. On peut alors le visualiser comme une parfaite forme vide. La forme de la posture a pris la place du corps physique. Alors l'absorption va pouvoir se réaliser, mais pour cela il faut passer du retrait des sens aux techniques de concentration.

6. La concentration, *dharana*

1) La purification de l'inconscient, *cittaçuddhi*. Il n'est pas possible de calmer le mental, sans avoir d'abord calmé les émotions. L'âme humaine est comme un lac soulevé par les grandes vagues de la tempête, quand le vent du désir s'apaise les vagues se calment, lorsque la surface est unie sans la moindre ride, alors elle devient transparente et l'on voit clairement le fond de soi. Ceci correspond donc à une psychanalyse incluse dans le yoga. La forme particu-

lière qu'il en donne vient de l'action des vies antérieures dans l'inconscient.

a) Les *vrittis* (tourbillons) sont les perturbations du mental et correspondent aux complexes. Le yoga est défini par Patanjali « yoga citta vritti nirodhah », le yoga est la fin des identifications aux perturbations du mental. Dans un sens large les vrittis sont toutes les activités de l'esprit (perceptions, images, souvenirs, illusions, sommeil) auxquelles on s'identifie à tort (je ne suis ni ma tristesse ni ma joie, je n'en suis qu'affecté et de moins en moins). Mais dans un sens plus précis ce sont ces points douloureux qui se développent à partir d'un centre selon un processus de coalescence tourbillonnaire.

b) Les *samkaras* sont les traces perdues des vrittis qui, par cet oubli qui les a rendu inconscients, sont condamnés à se reproduire sans cesse par une compulsion de répétition.

c) Les *vasanas* sont les tendances, les préformations inconscientes traces des vies antérieures et la mémoire ancestrale. Elles ont provoqué la réincarnation, façonné le corps et causé un destin.

d) Les *kléshas* ou les grandes afflictions en sont la diversification par l'ignorance, le vouloir-vivre, le désir et la répulsion et le sens de l'égo.

Leur purification va s'opérer par un travail constant en s'aidant des nombreuses techniques de concentration, dont voici quelques-unes.

2) Le yoga du sommeil éveillé, *yoga nidra* est la découverte de l'importance de l'état crépusculaire, entre le sommeil et la veille, qui est le point de passage dans l'inconscient. Tout ce qui est pensé, dit et fait pendant l'état de veille consciente ne passe pas dans l'inconscient, il convient d'abord de se mettre dans un état subconscient, alors le passage est possible. La seconde face de yoga nidra est l'éveil de la conscience

dans le rêve, avec le rêve lucide et dans le sommeil avec la perception du Soi.

3) Le silence intérieur, *antar mouna* est la véritable forme de la méditation. Il ne s'agit pas de ressasser des pensées, mêmes bonnes, mais de faire taire le mental. La technique de base est donc l'assise silencieuse.

4) Les dessins géométriques, *yantra et mandala*. Des structures de la conscience et des évocations divines peuvent être dessinées dans un processus rituel et mystique. Le yantra est un dessin géométrique, assez simple et schématisé qui appartient au yoga et à l'hindouisme. Le mandala est sur la même structure une peinture plus complexe et représentative qui a été reprise par le bouddhisme. Les deux sont des psycho-cosmographes, ou voies de réintégration de la conscience qui vont du temps à l'éternité. Ce sont des techniques pour éveiller notre conscience à l'identité unitaire, sous forme d'un processus vital se déroulant autour de son axe et unissant les dieux, leurs énergies, le monde et l'homme. Ils correspondent à la construction d'un temple, et tout plan d'un temple est un mandala, car il se veut la projection géométrique du monde autour de son axe, le Mont Méru (Himalaya et colonne vertébrale).

Les yantras sont toujours liés aux formules sacrées (mantras) et à leurs racines (bija) : la racine située au centre représente le moyeu de la roue. Ces roues (chakras) sont la figuration des centres d'énergie du corps humain, et par-delà du yoga, qui a toujours été symbolisé dans les textes comme une roue, dont la force circulaire de construction, unit solidement la jante au moyeu par l'intermédiaire des rayons.

Le plus célèbre des mandalas hindous est le Shri Yantra, qui est la figuration, sous une structure très simple, de l'action de la Shakti. Au centre, se trouve le bindu, le point de condensation de l'énergie, la mystérieuse semence de couleur blanche, origine de tout. Puis les cinq triangles pointe en bas représentent le quintuple aspect de la Shakti ; et ceux, pointe en haut les fonctions de Shiva. Leur entrecroisement produit quarante-deux triangles en quatre cercles concentriques représentant la multiplication. Une triple enceinte circulaire les entoure pour manifester la matérialisation de l'univers, elle se trouve contenue dans un lotus à seize pétales. Ils sont enclos dans une triple enceinte carrée, ouverte de portes aux quatre directions de l'espace. L'illusion nous les fait voir tous ensemble alors que ceci fuit dans le vide, selon un espace en trois dimensions et correspond à l'écoulement du temps et à la création de l'univers.

Mais un yantra ou mandala se construit selon la tradition. Il se mérite et se prépare par des ascèses, est adapté à une personne et correspond à une initiation. Il mène à l'illumination spirituelle et ne peut être fait que par un maître qui a la tradition et les pouvoirs correspondants. Dans sa forme rituelle c'est une très longue cérémonie qui demande plusieurs jours. Il ne peut être fait qu'en un moment opportun et favorable, déterminé par les astres, en un lieu purifié (Nord d'un temple) avec la permission de la terre. Il permet la descente des dieux et consacre le néophyte à sa divinité apparentée. C'est donc une cérémonie d'appel qui lorsque la révulsion de plan s'opère en un instant, le fait sortir du temps et l'amène à s'unir à cette divinité, dont il partage la structure (gestalt).

5) La répétition des formules sacrées, *mantra-yoga* est la plus simple et la plus efficace des techniques pour juguler l'agitation mentale. C'est celle que doivent pratiquer tous ceux qui ont des difficultés à entrer dans la méditation, comme tous les Occidentaux au mental hypertrophié. Il existe un nombre illimité de mantras. Ce sont des noms divins apparen-

tés à une personne et correspondant à son problème ou son but. Comme l'énergie peut être évoquée dans sa structure géométrique, elle peut l'être aussi par sa représentation sonore, et l'un ne va pas sans l'autre. Le meilleur et le plus simple des mantras est AUM, le nom secret de Dieu. Mais un vrai mantra est toujours donné par un maître, en connaissance de cause. C'est le sceau de l'initiation et il fait retrouver l'état de conscience du maître que l'on a partagé en ce moment si précieux.

Japa-ajapa est la manière de réciter le mantra où l'on passe de la forme sonore, à la forme murmurée, puis silencieuse (ajapa). Cela s'établit de soi-même lorsque le mantra se répète sans effort par sa propre force. Un mantra a en effet le pouvoir de celui qui le donne et de ce que l'on en fait, c'est-à-dire du nombre de répétitions. Au début on peut mesurer le nombre de répétitions en se servant d'un mala, le chapelet hindou en graines de rudrashka.

Les mantras peuvent être chantés, et avec accompagnement de musique cela devient un kirtan. C'est avec la danse, la technique essentielle du bhakti-yoga. Rien ne développe plus l'amour que l'ambiance d'exaltation fervente qui se dégage de ces réunions de louanges de Dieu.

6) Le yoga du cœur est la base physique du *bhakti-yoga*. C'est un travail parallèle à celui sur la respiration. D'abord retrouver la sensation de son cœur, pouvoir le sentir battre en toutes circonstances. Puis vient la période de maîtrise du cœur, on s'entraîne à pouvoir ralentir et accélérer les battements du cœur à volonté. Après, c'est la descente de l'esprit dans le cœur et son exploration. C'est alors que l'on passe du cœur physique au cœur psychique. Le travail sur le muscle cardiaque n'est que le point de départ, le catalyseur du yoga de l'amour. On sent le cœur se dilater, se gonfler, puis il éclate, comme la grenade

trop mûre et on le sent se crever. Ceci est en général lié au don de larmes. Lorsque se produit l'ouverture du cœur, on pleure abondamment, mais ce sont des larmes de joie et non de tristesse. Après, c'est la rencontre. C'est dans la caverne du cœur que se trouve Brahma, le Seigneur de l'Immensité.

7) L'expansion de l'espace intérieur, *chidakasha dharana*. Cette technique porte sur l'expansion de la conscience hors de la forme corporelle, et débute par la découverte de l'espace intérieur. Depuis un point au centre du crâne il se dilate à tout le corps, puis s'étend hors du corps et s'achève dans l'adéquation à akasha, l'espace infini. C'est la découverte d'une totale liberté de déplacement dans toutes les directions à la fois, qui mène à une désidentification du corps. Par contre, cela peut aboutir à l'identification avec la Conscience Cosmique.

Les trois dernières techniques appartiennent déjà au yoga supérieur, c'est-à-dire qu'elles se transmettent plus qu'elles ne s'enseignent.

8) L'éveil du son cosmique, *nada-yoga* ou *nada anusandhâna vidhi*. Il se produit à partir de deux conversions. Il attire les personnes intéressées par la musique. La première conversion est de quitter les musiques profanes excitantes et déchaînées pour les musiques sacrées, particulièrement hindoues ou tibétaines. Puis dans une seconde conversion de purifier l'esprit en passant à l'écoute des vibrations d'instruments du culte (cloche tibétaine, bol chantant, cymbales d'argent). Alors s'éveille de lui-même un son intérieur non-frappé. Il peut-être suscité aussi par la pratique des pranayama de la victoire ou de l'abeille. Son écoute est la meilleure et la plus facile des concentrations. Il est la perception du son cosmique de la création (big-bang), l'harmonie des sphères. Il se transforme par l'écoute attentive et l'on passe à travers

dix sons, le dixième étant celui de l'Illumination.

9) L'éveil de la Claire Lumière du Soi, *atma jyoti darshana* ou *jyotir-yoga*. On peut chercher à l'engendrer par la contemplation du soleil levant ou couchant ou du ciel étoilé la nuit, mais en général cette lumière intérieure se produit d'elle-même à la suite d'années de pratique de la méditation. Les yeux fermés le paysage paraît s'illuminer par une lumière projetée de l'intérieur, et les yeux ouverts un paysage à l'ombre s'éclaire et brille comme s'il était au soleil. Les lumières centrales apparaissent les yeux fermés, un rond rouge, un soleil, la perle bleue, etc. Puis, on les voit encore les yeux ouverts par-dessus la vision du monde, et sans qu'on les confonde, car l'on sait que cette lumière vient de l'intérieur. Par la concentration elle se développe et l'on a soudain la perception de son corps de lumière dans un déferlement lumineux qui donne à cette expérience son nom d'Illumination. Lorsqu'on a réalisé sa nature de pure structure lumineuse, on est un Être de Lumière.

S'il existe bien des récits de l'extase de l'illumination ; voici celui qu'en donne la Mère de l'ashram d'Avroville dans ses *Carnets* :

(6 octobre 1959). « J'ai eu *une expérience unique* : la Lumière supramentale est entrée dans mon corps directement, sans passer par les consciences intérieures ou supérieures. C'était la première fois. C'est entré par les pieds, une couleur rouge et or, merveilleuse, chaude intense. Et ça montait, ça montait. Et à mesure que ça montait, la fièvre montait aussi, parce que le corps n'était pas habitué à cette intensité.

Quand toute cette lumière est venue dans la tête, j'ai cru que j'allais éclater et qu'il fallait arrêter l'expérience. Alors, très clairement, j'ai reçu l'indication de faire descendre le calme, la paix, d'élargir toute cette conscience corporelle, toutes ces cellules, pour quelles puissent contenir toute la lumière supramentale » (p. 215).

10) La vibration de la Shakti, *Shakti-chalama*. Une vibration apparaît dans le corps à partir d'un des centres d'énergie, souvent le troisième œil ou le centre de la base. Avec concentration on la fait circuler le long des conduits, puis elle se diffuse dans tout le corps qu'elle sacralise. C'est la forme féminine de l'énergie créatrice divine. Le corps tout entier est alors baigné de Shakti et la présence divine ressentie constamment avec intensité. Elle correspond à la descente du Saint Esprit ou Paraclet. Cet appui corporel est une aide considérable pour l'absorption dans la divinité, car l'on en ressent une indubitable preuve corporelle.

7. La méditation, *dhyana*

On arrive maintenant au but du yoga. Donc on le reçoit de manière imprévisible, comme un cadeau, il arrive comme une grâce. On arrive au niveau du non-agir. Il n'y a rien à faire de spécial, on s'est préparé par toutes les rechniques précédentes. Il ne reste plus qu'à attendre avec détachement que cela vous soit donné. Il n'y a donc plus tellement de techniques particulières de production.

Bien entendu, il n'y a pas de méditation sans posture de méditation. Et de par l'union indissoluble entre le corps et l'esprit, la méditation est ce qu'est la posture de méditation. On ne peut donc que progresser dans le perfectionnement de la posture érigée et relaxée, permettant à la fois la vigilance et la détente.

Le mot méditation est bien mal choisi pour traduire dhyana, mais il s'est imposé. Car, il ne s'agit pas du tout d'une méditation philosophique où l'on réfléchit et combine des raisonnements, ni une méditation religieuse où l'on contemple une scène, par exemple les étapes de la passion de Jésus. Il s'agit au contraire de faire, que s'apaise le processus mental, et que s'arrête le flux des idées. Cet écoulement des pensées ou des rêveries est ce qui cache le fond de l'esprit. Il vaudrait donc mieux traduire dhyana par absorption. L'esprit s'absorbe, se résorbe en lui-même comme un feu qui aurait brûlé son propre combustible.

La méditation est une concentration sans effort. Lorsque par une longue pratique, on arrive au moment où seul flotte dans l'esprit l'objet de la concentration, on atteint la méditation qui coule d'elle-même comme un filet d'huile ininterrompu. Cette absorption est beaucoup plus facile à atteindre en contemplant une partie du corps subtil, chakra, aura, ou une énergie intérieure, son cosmique, Claire Lumière, etc.

Tout ceci ne s'obtient qu'avec le lâcher-prise ou l'agir par le non-agir. Il faut à ce niveau renoncer à faire, et laisser faire. Cela se produit tout seul. Mais avant ce niveau il faut beaucoup d'efforts pour s'habituer, puis arriver à la facilité.

Mais dans le yoga il y a un moyen corporel pour arriver à ce résultat. C'est se rendre maître de l'énergie, arriver à l'éveiller à partir du centre de la base, sublimer l'énergie sexuelle (tejas) en énergie spirituelle (ojas). Alors on la fait monter le long de la colonne vertébrale dans le canal de Sushumna, en montant elle ouvre les chakras, les uns après les autres. Quand elle arrive au cerveau, la lumière brille partout et l'esprit est plongé dans une paix indicible (ananda, la béatitude ou l'extase).

8. L'EXTASE, *samadhi*

Il ne s'agit donc pas du tout d'une extase au sens

étymologique (ex-stasis), où l'on sort de son corps, mais au contraire d'une enstase ou absorption intérieure ; ce n'est pas une explosion mais une implosion. On perce la couche profonde et l'on découvre ce qu'est l'esprit, qui l'on est, sa vraie nature. Mais l'on garde le mot extase, pour ce qu'il évoque d'épanouissement dans la félicité.

Le samadhi est produit après un triple oubli. D'abord, on oublie la relation avec le monde, le commerce naturel que nous entretenons constamment avec lui par la perception. Les caissons isophones d'isolation sensorielle en permettent une première approche. Puis on oublie le dialogue incessant que nous avons avec notre corps et qui nous amène à nous identifier à lui et à n'être que la conscience de notre corps. Enfin, on oublie de penser à soi, on perd la conscience de son existence individuelle, et l'on ne fait plus qu'un avec l'Être. C'est lorsqu'on cesse de se penser comme un étant, que l'Être se révèle, écrit Heidegger. Alors, derrière l'illusion du moi (états de la personnalité), du je (principe d'individuation) se découvre la réalité du Soi. Et le soi individuel (atman) n'est pas autre que le Soi Suprême (Brahman). Selon la voie mystique on passe de l'identification à un dieu manifesté, une image divine, à Dieu, à l'Unique, à l'Un-sans-second, puis par-delà Deus se dévoile la Deitas, et le fond de l'Être le Grund et la racine de l'abîme, l'Urgrund.

Le nœud du cœur s'étant défait brille la lumière de la connaissance. Mais dans la connaissance humaine il y a trois éléments encore séparés : le connaisseur, l'objet connu et l'acte de connaissance. Dans le samadhi, ils ne font plus qu'un. On atteint alors un autre niveau de fonctionnement de l'esprit, on ne saisit plus l'objet par la connaissance extérieure, mais on ne fait plus qu'un avec lui par identification (samyama). Alors vient la libération suprême, et la fin des réincarnations, car on n'est plus conscience de quelque chose, mais conscience de soi, conscience du Soi, pensée de la pensée (noêsis noêséos).

Bien des progrès sont à faire à partir de la première identification du premier samadhi, et nous ne reprendrons pas les dix-huit sortes de samadhi à travers lesquels il faut progresser.

Toutes ces étapes finales du yoga sont facilitées par une dernière technique corporelle, la transmission directe. Il est insensé de vouloir produire tout cela tout seul. C'est comme vouloir faire du feu en frottant deux morceaux de bois, il est bien plus facile d'en allumer un à un autre feu. De même les étapes supérieures ne s'acquièrent que par la fréquentation de quelqu'un qui les a obtenues. Le yoga supérieur ne s'enseigne pas, il se transmet dans la relation traditionnelle maître-disciple. Le maître (gourou) est celui qui fait de vous un maître. Il n'est que l'image de votre complet épanouissement. C'est lui qui par sa clairvoyance vous fait franchir toutes les étapes. D'où l'importance exceptionnelle du culte du gourou dans le yoga, encore plus que dans toutes les autres voies spirituelles ou mystiques. Car depuis des millénaires, il existe une transmission ininterrompue à travers des lignées de maîtres qui se sont transmis l'un à l'autre le flambeau. Ces êtres réalisés sont l'image la plus exacte du divin sur la terre. Et la puissance du yoga vient de la continuité de cette transmission.

Actuellement, les deux lignées de transmission les plus connues sont celles du Siddha-yoga et du Kriya-yoga, mais il y en a bien d'autres aux Indes. Le Siddha-yoga est le yoga des parfaits, des Êtres réalisés. Il fait faire la méditation sous la forme du chant d'un mantra et fait vivre tout le yoga dans le culte du gourou. Il ne s'adresse pas à un homme évidemment, mais à la lignée des maîtres à travers son dernier représentant et au principe divin qu'il a éveillé en lui. Il transmet par le regard ou le contact, l'éveil de la Shakti (Shaktipat). Le Kriya-yoga se transmet encore plus dans une initiation personnelle selon la tradition védique, qui dure quatre heures. Le maître prend votre karma en charge et vous donne en échange ses mérites. Il transmet par simple attouchement les trois manifestations concrètes de la présence de la divinité dans le corps : l'audition du Son Cosmique, l'éveil de la Claire Lumière et la sensation de la Vibration de la Shakti dans tout le corps. Après, par leur évocation, il est possible d'atteindre l'État sans forme qu'est le Samadhi.

« — Quand la pensée s'arrête, suspendue par la pratique assidue du yoga, et que l'on voit le Soi dans le Soi et par le Soi, on entre dans la félicité.

— Quand on éprouve cette béatitude infinie, perçue par l'intuition (buddhi) et non par les sens, et que l'on s'y établit fermement, on ne peut plus perdre la vérité.

— L'ascète purifié du mal, discipliné, unifié en lui-même, atteint aisément le bonheur infini, uni au Brahman.

— Soi-même résidant dans tous les êtres et tous les êtres en lui : voilà ce que contemple le sage unifié par le yoga et équanime.

— Celui qui Me voit partout et qui voit tout en Moi, Je ne suis jamais perdu pour lui, il n'est jamais perdu pour Moi. »

Bhagavad-Gîtâ (VI, 20, 21, 28, 29, 30).

Et cette expérience est toujours actuelle comme en témoigne Mère, dans la lignée d'Aurobindo :

« Puis, immédiatement, sans transition, j'ai été comme plongée dans le bain de l'Amour du Suprême... avec la sensation de quelque chose qui est sans limite ;

c'est-à-dire, quand on a la perception de l'espace, que c'est partout (c'est au-delà de la perception de l'espace, mais dans la perception de l'espace, c'est partout). Et c'est une sorte de masse vibratoire homogène, IMMOBILE, et pourtant avec une intensité de vibration sans pareil, qui peut se traduire par une lumière chaude, dorée (mais ce n'est pas ça, c'est beaucoup plus merveilleux que cela !). Et alors, c'est partout à la fois, partout identique à soi-même, sans alternances de haut et de bas, sans changement, dans une intensité de sensation qui est invariable. Et ce "quelque chose" qui est propre à la nature divine (qu'il est très difficile d'exprimer en des mots) est à la fois immobilité absolue et intensité vibratoire absolue. Et Ça... ça aime. Il n'y a pas de "Seigneur" et il n'y a pas de "choses" ; il n'y a pas de sujet, il n'y a pas d'objet. Et Ça aime. Et comment dire ce que c'est que Ça ?... C'est impossible. Et Ça aime partout et tout, tout le temps, en même temps.

Et toutes ces histoires, que tous ces soi-disant saints et sages ont raconté, que l'Amour de Dieu "va et vient", oh ! C'est d'une stupidité sans nom ! — C'est LÀ, éternellement ; Ça a toujours été là, éternellement ; Ce sera toujours là, éternellement, toujours semblable à soi-même et au maximum de sa possibilité.

Ce n'est pas parti, et ça ne pourra plus partir maintenant. »

CHAPITRE III

LE TANTRISME

A. Les principes

Il existe un énorme corpus de traités de Tantra, qui n'ont pas encore tous été publiés et traduits. TAN signifie en sanskrit étendre, tisser, développer, les Tantras sont donc des traités développés et non des résumés comme les Sutras.

Il y a aussi quelques indications sur les pratiques de certains groupes tantriques (les kaulas). Le tantrisme est, dans la stricte religion brahmanique, la résurgence de tout le courant souterrain de la magie, du sexe, de la femme, des pouvoirs surnaturels, des rapports avec les esprits de la nature. Il est l'héritier des peuples de la jungle et de la forêt, des aborigènes qui subsistent encore aux Indes. Car l'Inde, avec le système des castes qui ne se mélangent pas, est un extraordinaire conservatoire des races et des traditions. V. Elwin a pu ainsi noter la persistance du Ghotul (dortoir des jeunes) chez les Murias actuels du centre de l'Inde. Le centre du tantrisme semble être le Bengale.

Le Tantra est une doctrine secrète. Le besoin du secret est affirmé au début de chaque ouvrage. « Je vais te dévoiler le secret suprême qui doit être caché comme le sexe de ta propre mère ». Et à la fin du livre, on recommande à nouveau : « mais ceci est à garder secret, à garder très secret, à garder secret à tout prix ». D'ailleurs, par mesure de précaution les traités sont écrits en langage voilé : le samdhyâ-bhâshâ, le twilight-langage, le langage crépusculaire. Rien n'est nommé directement. Tous les mots ont au moins un triple sens : religieux, anatomique et symbolique. Au lecteur de choisir la lecture qui lui convient. Les initiés comprendront. Ainsi « upâya » signifie la foudre, le phallus ou une méthode de méditation et « sunyata » le zéro, la vulve ou le vide. Les tantriques se divisaient d'ailleurs en tantriques de la main droite (Dakshinacarya), qui travaillaient symboliquement et tantriques de la main gauche (Vamacarya) qui travaillaient opérativement ou physiquement.

De plus le tantrisme, on n'en parle pas, on en fait avec son corps. Pendant que les érudits (çastra) discutent, les tantras agissent avec puissance. Et tantraçastra signifie que la compréhension des textes n'est possible qu'à travers la pratique. Le tantra c'est l'action qui réussit. « Toute la culture étendue de l'esprit est vaine, si l'on n'obtient pas en même temps le pouvoir par la pratique » (Tantra-tatva, I, 25). On peut donc appeler le Tantra, le Yoga de la Puissance. Il faut jeter les livres, comme s'ils brûlaient « Tout ce qui est écrit n'est pas utile à qui n'a pas encore la Shakti et inutile à qui la possède déjà » (Isa Upanishad, 12). La particularité du Tantra est dans la pratique, ce n'est pas une philosophie, ce n'est pas non plus une lamentation, ni une contrition, ni un repentir devant une divinité. « C'est l'affaire des femmes que d'asseoir une supériorité par des arguments ou une démonstration ; c'est, au contraire, l'affaire des hommes que de conquérir le monde par sa puissance propre. Aussi laissons-nous les raisonnements, arguments et discussions aux autres écoles. Ce qui importe au Tantra c'est d'accomplir des actes surhumains par la force de sa puissance » (Tantratatva I, 25). Mais on retrouve aussi dans le yoga classique cette injonction de l'action (kriya) « Cela ne s'obtient pas en portant un habit ou en dissertant sur le yoga, mais la pratique infatigable mène seule à la Réalisation » (Hatha-yoga. Pradipika I, 66).

Le Tantra se dit adapté à notre âge : le Kali-Yuga, l'âge de fer, l'âge sombre de la guerre. Il est lié au culte de la femme et à la puissance féminine, au corps et à la dissolution de la décadence. Nous n'avons plus la force pour suivre les innombrables prescriptions des rituels brahmaniques et les règles du dharma (devoirs sociaux), disent les textes. Il nous faut maintenant une méthode courte et expéditive. Pour cela nous sommes prêts à prendre des risques, à marcher sur le fil de l'épée ou à chevaucher le tigre.

Le principe essentiel du tantrisme est que les poisons sont aussi des remèdes. Il faut transformer le venin en remède. Ce qui est pour tous occasion de péché et de chute sera pour les tantriques une occasion de salut. Ce qui cause l'esclavage donnera la libération. C'est le retournement des effets contraires, le renversement du mal en bien.

Les Tantras parlent beaucoup plus de bhoga, la jouissance, que de moksha la Libération ou d'ananda, la béatitude.

Il s'agit donc d'obtenir l'extase, non avec l'aide d'un dieu ou par la force de la pensée, mais par une intense émotion provoquée par une suite d'actes. Selon leurs types on peut considérer qu'il y a trois sortes de tantrisme : le tantrisme rouge, le tantrisme noir et le tantrisme blanc. Mais dans les trois cas le véhicule semble bien être l'horreur. L'émotion poussée à l'extrême peut provoquer la perte de la conscience de soi et donc le changement de plan de conscience.

B. Le tantrisme rouge

Le tantrisme rouge est l'horreur dans l'acte sexuel. C'est celui qui a le plus de succès en Occident. Mais il n'a pas du tout été compris dans sa réalité et les Occidentaux parent tout simplement du nom de tantrisme leurs aventures amoureuses, leurs adultères ou leurs débauches. Il y a une absolue fascination dans ce domaine. c'est comme une libération après des siècles d'oppression de la morale chrétienne qui n'admettait la sexualité que comme un mal nécessaire pour la perpétuation de l'espèce, et la réduisait donc à la sexualité reproductive. Rien ne peut plus faire plaisir à l'Occidental que l'idée d'une sexualité non seulement licite et permise, mais encore préconisée comme une prière et un instrument de salut. Le salut par le sexe, est le nouveau rêve de l'Occident. Il a surtout été nourri par la publication de la très riche iconographie inspirée par le tantrisme.

La réalité est tout autre dans les Tantras. Les différences portent sur l'acte, la partenaire et la préparation.

L'acte d'abord n'est pas un rapport sexuel habituel. Il s'agit de faire remonter l'énergie sexuelle (la libido ?) le long de la colonne vertébrale dans le conduit central Sushumna. Cette énergie ou kundalini, en arrivant au cerveau va provoquer le changement de plan de conscience et l'extase. Mais pour cela il faut qu'aucun des deux partenaires n'aient de décharge ni d'orgasme. L'orgasme s'accompagne en effet d'une décharge d'énergie qui vide l'individu de sa puissance. Notons que les textes tantriques prennent toujours le point de vue de l'homme et précisent (comme le taoïsme chinois) que si l'homme n'a pas d'orgasme, mais que la femme en a un ou plusieurs, il peut se nourrir de son énergie et prendre sa puissance (s'il sait le faire).

Pour cela l'acte se fait en position assise : l'homme dans la position du lotus, jambes croisées et le dos bien droit, et la femme assise par-dessus pieds joints dans le dos de l'homme, en respiration rythmée et synchronisée. Ceux qui n'ont jamais essayé ne peuvent imaginer la difficulté de cette posture qui demande beaucoup de souplesse, de force et des années d'entraînement pour que l'homme puisse encore rester en érection. Évidemment c'est plus facile avec une jeune hindoue de 30 kilos qu'avec une Occidentale de soixante. D'ailleurs, les statues hindoues représentent toujours une petite fille dont la tête est en dessous de celle de l'homme.

Tout autre est le yoga du sexe. Car il y a un yoga de tout : du sexe, comme de la marche ou de la table qui consiste à manger dans le calme et la concentration en mâchant vingt-et-une fois chaque bouchée afin de pouvoir assimiler l'énergie (prâna) de la nourriture en remerciant Dieu de cette communion. Dans tout acte sexuel il s'agit de contrôler son excitation pour atteindre à la dimension du sacré. Certains chrétiens fidèles ont nommé cela « la carezza ». C'est une technique de contraception naturelle pour éviter le coïtus interruptus qui consiste à ralentir l'excitation pour terminer dans un doux apaisement sans décharge. Cela peut mener à insister plus sur l'amour que sur l'excitation. On arrive ainsi à une redécouverte du (ou de la) partenaire et à une sensibilisation aux échanges énergétiques pendant l'acte. On peut ainsi aller jusqu'à sentir vibrer toutes les cellules de son corps. Bien entendu, ceux qui ont éveillé leur corps subtil, peuvent aussi ressentir le jeu de tous leurs chakras et de ceux du (ou de la) partenaire. Et ainsi est-il possible d'arriver à un éveil des sentiments d'amour et à une modulation de son plan de conscience.

Mais dans le tantrisme, puisqu'on recherche l'éveil par l'horreur, ceci ne peut jamais être pratiqué avec le ou la partenaire habituel(le). Les textes parlent toujours d'une jeune fille de 16 ans très amoureuse ou même ils précisent « l'initié qui fait l'amour avec sa propre mère, sa propre sœur, sa propre fille ou une parente quelconque pourra atteindre son but, pourvu que dans l'amour il se conforme au yoga réellement » (Prajnaprayaviniscaryasiddhi). Il ne s'agit pas en effet de réaliser un acte sexuel ordinaire, mais un exercice de yoga par la réalisation d'une hiérogamie (union sacrée). L'excitation sexuelle se transmue en exaltation religieuse.

L'amour physique (maïthuna) devient ainsi un rituel sur un triple plan. C'est d'abord un rituel religieux. Sur le modèle du sacrifice du feu sur l'autel védique, le tantrique fait l'offrande de son sperme et de son énergie dans le feu contenu dans le four qu'est le corps de la femme. Ce tantrisme est dit rouge car, bien évidemment, le rapport doit être accompli au jour du plus grand flux menstruel de la femme. C'est le moment de sa plus grande énergie, du vide de son esprit, et le seul où peuvent se faire l'union du rouge et du blanc.

Sur le plan cosmique il s'agit de la résolution des contraires, de l'absorption du moi dans le monde, de l'union du sujet et de l'objet, du spectateur et du spectacle, du Ciel et de la Terre. L'abolition du sujet, ou abolition des castes, équivaut à la disparition de tout objet dans le retour à l'apparition du monde lors du barrattement de l'océan de lait. C'est la fin de la sciure primitive de l'être en mâle et femelle. La fin de la séparation des sexes est la réalisation du Grand Androgyne primitif. Ainsi se réalise la victoire de l'Advaïta (l'Un-sans-second) sur la dualité (dvanva).

Nous avons donc à faire à une physiologie magique, une alchimie érotique et une astrologie corporelle. Le corps est devenu l'instrument du dépassement de plan, de la transmutation et de la divinisation. Il est un pèlerinage, les lieux de pèlerinage sont les morceaux du corps de la déesse (Sati ou Guhyéshvari, la Dame du Jardin intime) : la bouche, la langue, les seins, le sexe... Le pèlerinage est une découverte sexuelle progressive et inversement le congrès est un pèlerinage : atteindre le sexe, c'est atteindre le centre de la doctrine. Maîtriser son corps c'est donc faire de la géographie sacrée et reconstituer le corps épars de la déesse Guhyéshvari.

Mais les écoles de la rétention (Sahajiyâ-yoga) précisent que tout ceci doit se faire sans émission de sperme : il ne faut pas laisser tomber la pensée de l'illumination. Pour cela il faut être un urdhvaretas, celui qui sait obtenir le reflux du sperme vers le haut par la posture, la respiration et l'action de la pensée. Au cas d'une émission incontrôlée, il existe des techniques corporelles de repompage de la substance cosmique (vajroli-mudra).

Mais tout ceci se prépare. Et l'on va comprendre avec la préparation, les différences avec ce que l'Occidental imagine. L'acte sexuel demande une préparation qui dure de trois à douze ans et se fait en quatre étapes. Le kriya-tantra comprend d'abord toutes les purifications corporelles : végétarisme, jeûne, chasteté, postures et respirations du yoga, solitude et méditations dans une cellule d'un mètre cinquante de côté où l'on dort en position assise. Le Carya-tantra comprend l'étude des supports de méditations visuels (yantras et mandalas) et auditifs (sons mystiques). Le Yoga-tantra est la phase des méditations et de la maîtrise des exercices corporels. Il prépare l'Anuttarayoga-tantra qui est l'obtention des pouvoirs secrets.

Après cette préparation, il faut trouver la partenaire aux pouvoirs occultes et la former. Puis il faut la transformer en déesse. Elle est lentement déshabillée et tout son corps est consacré par le rite magique du nyasa. Nyasa signifie « placer », car les dieux et leurs pouvoirs magiques sont placés avec des mantras aux différents endroits du corps qui sont ainsi consacrés. Le Mahanirvana-tantra décrit en détail cette longue opération. D'abord, par le matrika-nyasa, dans une première sensibilisation, les cinquante lettres de l'alphabet sanskrit (matrikas) sont placées successivement sur cinquante parties du corps. Puis vient l'Hridayadi sadanga nyasa qui est l'ouverture des chakras de la partenaire en commençant par le cœur (hridaya) avec le mantra « namah », le chakra de la fontanelle antérieure avec « vasat », celui du troisième œil avec « swaha », et ainsi de suite jusqu'au septième chakras, le fondement de la base (muladhar) qui est au périnée. Cela s'accompagne d'imposition de cendres et de poudres colorées, de fulmigations et d'offrandes de pétales de fleurs. Le kara nyasa s'occupe spécialement des dix doigts qui sont consacrés chacun avec son mantra (par exemple, pour le pouce « Aum Augustha Abhyam Namahe »). Enfin, Vyapaka nyasa (qui se diffuse partout) est une diffusion de l'énergie divine à toutes les parties du corps par un long massage. Mais le plus difficile est la prise de conscience simultanée de cette énergie qui est ressentie sous forme d'une vibration ou d'un tremblement très particulier.

Après ces séries, qui demandent plusieurs mois, la partenaire est revêtue des habits et des bijoux de la déesse, parfois mise sur un trône ou un autel, et tient son rôle dans une cérémonie de consécration et d'hommage (pûja).

Puis viennent encore différentes étapes : coucher à sa droite sans la toucher de la nuit, puis à sa gauche. Et ainsi on va pouvoir aboutir à la cérémonie du congrès d'une nuit après une dizaine d'années de préparation qui, en refaisant à l'envers la scène primitive, détruit sa propre naissance.

Bien entendu ce n'est pas du tout ce que veulent les Occidentaux, ou du moins ce qu'ils espèrent. Mais ils risquent de constantes déceptions. Il est intéressant de lire à ce sujet le témoignage de Mitsou Naslednikov « *Le chemin de l'extase* », qui reconnaît que le plus souvent, sous prétexte de tantra, on s'essouffle après l'extase « tandis que tout reste désespérément ordinaire » (p. 40). Ce qui n'empêche pas le succès toujours renouvelé des stages de tantra.

C. Le tantrisme noir

Après l'horreur du sexe, arrive celle de la mort, dans le même but. Il s'agit d'arriver à stopper le fonctionnement de son esprit et à changer de plan de conscience par l'horrible du macabre. Nous avons pu rencontrer aux Indes des Tantriques, vêtus d'une corde, le corps enduit de cendres de morts, vivant autour des lieux de crémation. D'autres (les Aghoris) deviennent maître des odeurs et peuvent faire sentir n'importe quelle odeur ; leur entraînement se fait avec l'urine, les excréments et le sang menstruel.

Le viol des tabous et la pratique des interdits comprend des pratiques diverses, décrites dans les traités : boire dans une calotte crânienne (kapala) de l'alcool ou du sang, s'enduire de sang... Les cinq M sont madya, l'alcool ; mamsa, la viande ; matsya, le poisson ; mudra, les graines d'épices ; maïthuna, l'union sexuelle ; mais ces termes comportent plusieurs sens. Il existe encore aux Indes et au Népal des lieux de sacrifices sanglants d'animaux en l'honneur de la déesse Kali comme à Dakshinkali près de Kathmandou.

Mais les textes parlent aussi de cérémonies macabres du type de celle de la sorcellerie. On se sert du sang des animaux pour attirer les Esprits et pouvoir communiquer avec eux, mais on y ajoute l'horreur : l'officiant devant trancher d'un coup de dent la veine jugulaire de l'animal. Il est toujours revêtu d'ornements et d'un tablier fait d'os de mort et se sert du damaru, le tambourin pour appeler les esprits. Il y a eu même autrefois, des accusations répétées de crimes rituels et de cannibalisme.

Si le tantrisme rouge est pratiquement impossible à pratiquer en Occident, une forme simplifiée et purifiée du tantrisme noir est possible. Il s'agit, lors du décès d'un être aimé, de passer la nuit en méditation à côté du cadavre. D'ailleurs, autrefois on avait coutume dans les familles chrétiennes de veiller les morts. Mais bien entendu, il ne s'agit pas de « méditer » au sens chrétien, c'est-à-dire d'avoir de profondes et tristes réflexions sur la mort, la brièveté de la vie et la vanité de toutes les choses, mais de chercher à communiquer avec l'esprit du mort. Comme il n'est pas encore loin de son corps, c'est plus facile. Et il n'est pas besoin pour cela de passer la nuit, assis en lotus, sur le cadavre de son père ou de sa mère, ou dans un cimetière sur une tombe fraîche. La rencontre de la mort peut, en effet, permettre, dans une intense émotion, d'arriver à changer de plan de conscience et d'entrevoir la Lumière qui brille pour les morts.

D. Le tantrisme blanc

Le tantrisme blanc est le seul qui soit pratiqué encore actuellement, du moins officiellement et à notre connaissance. Il l'est dans bien des centres aux Indes, dans une bonne partie du hatha-yoga (sans le savoir) et dans tout le lamaïsme tibétain. Tous les grands monastères du Tibet avaient des collèges tantriques qui pratiquaient les initiations les plus élevées. Mais comme ce sont les plus difficiles, les moines n'y parviennent en général qu'après vingt ans d'études. Depuis la diaspora, certains de ces collèges ont pu être reconstitués dans divers pays. Ceux des bonnets rouges (Kargyupa ou ngyimapa) sont les plus renommés. Le yoga qu'enseignait en France Lucien Ferèr, se voulant de ce type, était tantrique. Celui que diffuse Swami Satyananda de Monghyr revendique aussi le terme de tantrique.

Une bonne partie de ces pratiques ont été décrites avec le yoga ou le seront avec le lamaïsme tibétain. La technique corporelle qui s'est le plus diffusée en Occident est le yoga-nidra (yoga du sommeil conscient). Mais il faut y ajouter le mantra-yoga (répétition des formules sacrées), leur intériorisation (ajapa-japa), antar-mouna (le silence intérieur), la concentration sur les dessins géométriques (yantras et mandalas), l'expansion de l'espace de la conscience (chit akasha dharana), l'écoute du son cosmique (nada-yoga), l'éveil de la Claire Lumière du Soi (Atma Jyoti darshan), la vibration de la Shakti (Shakti-chalama), le yoga des actes (Kriya-yoga). Est tantrique tout ce qui correspond au corps subtil (sukshma-sharira), les purifications (shat karma), les énergies (vayus), les méridiens (nadis), les centres (chakras), l'éveil de l'énergie-conscience (Kundalini). Chalanakriya permet de faire monter l'énergie, lorsqu'on arrive à sauter sur place en posture du lotus.

Dans la physiologie mystique du corps il n'y a pas que l'énergie sexuelle, il y a aussi tout un travail sur les énergies corporelles de la Lune et du Soleil. Le centre de la lune se trouve dans un chakra (Talou) situé au fond de la gorge. Il est stimulé par keshari-mudra, lorsqu'on arrive à passer la langue derrière la luette et les fosses nasales pour les boucher. De ce centre, situé sous le cervelet, coule sans cesse une énergie blanche laiteuse (le Soma) qui descend dans le chakra du soleil (le plexus solaire) où elle est brûlée par le feu digestif. On stoppe cette déperdition en prenant une posture inversée (viparita-karanimudra) et l'on peut alors « traire la vache », c'est-à-dire se nourrir de ce nectar divin qui donne l'immortalité (amrit). On le propulse alors par le souffle vers le chakra du sommet de la tête.

Le *Vijnana Bhairava Tantra*, traduit par Lilian Silburn, avec une importante introduction et une post-face très détaillée, est un texte du tantrisme blanc, qui présente cent douze techniques. Mais aucune n'est efficace sans la grâce du Seigneur. On peut se concentrer sur les espaces vides entre l'inspir et l'expir, sur le sommet de la tête, sur le son cosmique, sur le vide de son corps, du monde ou le vide en lui-même, sur le troisième œil ou sur l'écoute de son cœur...

Mais l'extase peut se produire à l'occasion de toute félicité intense : l'orgasme, le souvenir de l'orgasme, retrouver après une séparation un parent aimé, le chant, les caresses, l'adoration, la méditation...

On retrouve le principe du tantrisme avec les indications que cela peut se produire à toute occasion intense : le désir, la fureur, la colère, la douleur, l'égarement, l'éternuement même. Mais la force pour pouvoir le réaliser ne doit être donnée par le gourou qu'à un disciple fidèle et au cœur plein d'amour.

Le kundalini-yoga est aussi diffusé par les Sikhs. Ils constituent une religion (et une communauté) fondée par le gourou Nânak (1469-1538) aux Indes. Mais depuis peu se sont constitués, par conversion, des groupes de Sikhs blancs, d'abord en Californie, puis aux U.S.A., en Europe et en France, qui prétendent faire pratiquer le Kundalini-yoga.

Différemment Swami Maktananda et maintenant Gurumayi donnent Shaktipat (l'éveil de la Shakti) et l'accès à la lumière bleue du Soi.

Ce qui caractérise le tantrisme blanc c'est qu'il considère n'avoir pas besoin d'une (ou d'un) partenaire. Comme le disent bien des textes « Qu'ai-je besoin d'une femme extérieure ? J'ai la Shakti en moi ». Lorsqu'Elle a été éveillée, on va pouvoir la mettre en action. Pendant cette période on doit observer une stricte continence et une chasteté absolue. C'est d'ailleurs, celle qui est demandée à tous les moines ou mystiques hindous, tibétains, bouddhistes, soufis, juifs, orthodoxes ou romains. Il faut découvrir la sensation de l'accumulation de l'énergie dans le centre de la base au périnée (chakra Muladhar) et dans le kanda. Puis par un entraînement long et difficile il faut la conduire à la base de la colonne vertébrale et la faire entrer dans le conduit Sushumna. On s'aide pour cela, en particulier, par une technique corporelle (mula-bandha) qui consiste à contracter vers le haut les muscles du périnée (releveurs de l'anus d'abord, puis muscles du vagin ou releveur des bourses). La première fois, il s'agit de freiner sa montée qui est incontrôlée et automatique. Par la suite, lorsqu'on aura réussi à dénouer les trois nœuds de Shiva, Vishnou et Brahma, on apprendra à la faire monter de chakras en chakras. Lorsqu'elle arrive au niveau de la gorge, on entend un claquement sec comme une branche qui se brise. Et quand elle atteint la tête, c'est tout l'air qui crépite et devient lumineux et incandescent, l'environnement paraissant plein d'énergie à craquer. Alors on bascule dans un autre plan de conscience.

En fait, ce qui suit dépend du système théorique selon lequel on travaille. L'éveil de la Kundalini, qui est le fondement du tantrisme blanc, est pratiqué aussi dans le yoga hindou et dans le bouddhisme tibétain. C'est, en réalité, une pure expérience physiologique qui est accessible à tous. Elle n'est que le support physique de l'expérience mystique. Mais tout son bénéfice mystique vient de la Voie que l'on suit. L'ensemble des réalisations supérieures est donc accroché à cette transformation du corps. Pour les Hindous l'énergie qui se diffuse soudain dans tout le corps par un déferlement est celle de la Shakti, la forme définitive de l'Énergie divine. Cela s'accompagne d'une perte du sens du moi et d'une identification à la Conscience divine. L'individu s'est débarrassé de son égo et a retrouvé le Soi, sa véritable nature divine. Il a donc une fusion de l'âme en Dieu ou Vacuité ou Conscience cosmique. La mutation physiologique en est le catalyseur et le versant corporel.

Hors d'une voie, l'éveil de la Kundalini risque de n'être qu'une expérience avortée et l'on en perd le principal bénéfice. On reste alors au seul plan du corps. Pour certaines personnes ceci peut en effet se produire spontanément sans l'avoir cherché. On doit alors parler dans ces cas d'éveil sauvage de la Kundalini, d'accident plus que de réalisation. Dans le groupe de partage des expériences transpersonnelles de l'Association française du Transpersonnel, un certain nombre de ces cas ont pu être recensés et étudiés depuis 1985. Cela a pu se produire spontanément lors d'un accident (tomber d'une échelle sur le coccyx ou dans un escalier...) ou à la puberté ou même sans cause nettement déterminable. C'est aussi un ennui qui est arrivé à des personnes qui pratiquaient du yoga sans guide et sans bien se rendre compte de ce qu'elles faisaient. Dans ces cas d'éveil sauvage, cela se passe assez mal ; les Hindous disent que l'on a été mordu par le serpent de la Kundalini. En général le flux ne monte jamais dans le canal central Sushumna mais dans le canal de droite Pingala. Alors on brûle de l'intérieur, c'est un véritable feu qui s'est embrasé au niveau du périnée. Et comme on ne sait pas le faire remonter, on essaie de l'épuiser par une sexualité insatiable (« le feu au derrière ») et l'on s'épuise avec elle. Dans certains cas, cela s'accompagne de désordres digestifs extrêmes et dans d'autres, d'accidents cardiaques, mais dans tous, d'une angoisse inimaginable et de troubles mentaux qui conduisent souvent à une hospitalisation psychiatrique. Un certain nombre de malades mentaux sont, à notre avis, des personnes qui ont vécu un éveil sauvage de la Kundalini, qui n'a pas été reconnu par les psychiatres qui les ont internés et qui les soignent (?).

Le tantrisme blanc ne doit donc être pratiqué que sous la conduite d'un Guide expérimenté qui a lui-même éveillé sa Kundalini. Alors, par son aide, la montée est beaucoup plus facile, sans aucun danger d'accident et s'accompagne de la fusion dans la Vie divine. Ce n'est donc que dans ce cas que l'on peut parler d'Extase. Le livre le plus expérimenté en la matière est « *La Kundalini, l'énergie des profondeurs* », de Lilian Silburn. Elle écrit fort justement « ...il n'y a pas de pratique pleine et entière de cette ascension sans une vie mystique réelle. C'est sur un fond continu de recueillement, qui n'a rien de commun avec la concentration, que la kundalini peut s'éveiller et s'élever spontanément : il ne faut pas se concentrer mentalement mais être naturellement « centré » dans le cœur. Il serait en effet paradoxal de vouloir appliquer la pensée à la montée de la kundalini dont l'éveil tient précisément à l'évanouissement de l'activité mentale » (p. 11). Ainsi une voix autorisée nous rappelle que le serpent des profondeurs n'est que le signe et le fruit d'une vie intérieure intense.

À l'exception de ce cas particulier du travail dans une voie traditionnelle avec un Guide, nous ne pouvons que conclure sur l'aspect très douteux du tantrisme. Le terme a, en effet, en Occident, un relent de souffre et de stupre. Déjà aux Indes nous avons discerné à travers le rouge, le noir ou le blanc, un double courant. L'un est purement magique et prétend que l'homme par sa seule puissance et ses techniques arrivera au but, même en révolte contre les dieux. L'autre au contraire répète sans cesse que toutes ces techniques sont vaines si elles ne sont pas pratiquées avec un cœur pur, sous la direction d'un gourou très aimé et surtout avec l'aide de la grâce divine. Un tel mélange fait que l'on ne sait jamais à quoi l'on a à faire exactement. De plus l'Occident, sans transmission authentique, y projette trop souvent ses fantasmes et ses refoulements séculaires, aussi est-il pour nous Occidentaux, aussi ambigu que difficile.

CHAPITRE IV

LE BOUDDHISME

A. Les trois voies

Le bouddhisme n'est pas un, dans l'histoire il s'est divisé en plusieurs voies que l'on peut ramener à trois : la voie étroite (hinayana), la voie large (mahayana) et la voie du diamant (vajrayana), comme le christianisme peut être divisé en orthodoxe, catholique et protestant. Ne voulant traiter que des techniques corporelles nous ne pouvons reprendre toutes ces distinctions, mais nous ne pouvons pas les ignorer non plus. Et comme elles sont inconnues ou méconnues en Occident il faut bien commencer par là.

1) L'HINAYANA (la voie étroite ou petit véhicule) est la voie des Anciens (Théravada), la plus proche de l'enseignement du Bouddha. Il y a un seul Bouddha, le personnage historique qui a vécu au VIe siècle avant notre ère aux Indes, Gautama dit Cakya-Muni. Ce n'est pas une religion, il est complètement agnostique et refuse de parler au sujet des dieux. C'est une philosophie morale, une psychologie et une sagesse. Il part de la découverte de l'universelle impermanence et de la conviction que tout est souffrance dans ce monde de transformation des formes (samsara). L'origine de toutes ces souffrances est le désir. Il y a une voie à double volet pour échapper à cette souffrance. D'abord, c'est la morale : aimer le bien, le vouloir et le faire. Ceci est la mise en mouvement de la roue de la loi

(bouddhique) qui est l'inverse de la roue de la vie ou karma (enchaînement sans fin des effets et des causes à travers les existences successives). Et le second volet est la psychologie : discerner l'impermanence et découvrir l'illusion du monde. On ne peut l'atteindre que par la pratique continue de la méditation, avec ses trois techniques. C'est donc une voie pour les moines (bikhsu) et par conséquent les hommes. En suivant comme Gautama la voie du Milieu (ni les distractions du monde, ni trop d'ascèse) on peut stopper les renaissances en atteignant par le nirvana l'autre monde, celui de la réalité qui apparaît comme vacuité.

2) Le mahayana s'en est séparé au concile de Pataliputra en – 245, à partir de la conviction que cette sagesse supérieure n'a pas de succès dans le peuple, qui lui préfère une religion superstitieuse. Il faut donc bâtir une religion du bouddhisme par la construction prodigieuse d'êtres supra-mondains, le panthéon des Bouddhas. L'historique est rabaissé au profit des prodiges qui parlent au peuple et sont racontés dans les Jataka (les récits enjolivés des vies antérieures du Bouddha). L'hinayana est une voie étroite de fuite du monde, réservée à une élite de moines méditants, il faut l'ouvrir à tous, les femmes et le peuple. Tout le monde peut devenir un Bouddha, car chacun a déjà la bouddhéïté en lui, il lui suffit de le réaliser. C'est aussi une voie du salut désintéressée par l'invention des boddhisattva, ce sont les méditants qui, au seuil du nirvana, renoncent à devenir des Bouddhas en fuyant dans l'autre monde, mais font le vœu de passer les derniers et de revenir sans cesse sur terre pour aider les autres à se réaliser d'abord. La compassion s'adjoint à la sagesse. De même, il y a des Bouddhas sauveurs et on peut accéder à leur paradis (comme celui d'Amitaba le rouge) par la dévotion,

l'amour et une pratique populaire comparable à la religion. De plus, dans l'enseignement du Bouddha il y a deux niveaux, l'un est exotérique pour le peuple, l'autre ésotérique ne peut être compris que par l'initiation, l'étude, la philosophie. La voie des moines unit les techniques, la compassion et la sagesse et, par là permet, de comprendre la vérité ultime qui est que finalement la samsara et le nirvana ne font qu'un.

3) LE VAJRAYANA, la voie du diamant, est le bouddhisme tibétain. Ce n'est qu'une variante du Mahayana, mais elle est tellement importante qu'elle a fini par s'en différencier et constituer à elle seule une troisième voie. Lorsque les moines bouddhistes voulurent prêcher leur religion au Tibet ils en furent chassés par les prêtres-sorciers pratiquant l'antique religion Bonpö. Padmasambhava n'y réussit, au siècle suivant en 747, qu'en pratiquant une large synthèse avec la magie, la sorcellerie, et la médecine locale. Dans le pays des neiges rien ne peut être pareil à ailleurs ; ainsi naquit le lamaïsme par intégration de toutes les pratiques tantriques et d'êtres supra-mondains féminins. Un nouveau corps de doctrine fort complexe et subtil se constitua avec les cent-huit volumes du Kanjur et les deux cent cinquante du Tanjur. L'origine de la souffrance devient triple : le désir (raga), la haine (dvesha) et l'ignorance (moha). Avec la maîtrise du principe de conscience se développa au XVIe siècle chez certains grands lamas, le pouvoir de retrouver le souvenir de ses vies passées et de choisir sa future réincarnation (tulku). Ce qui fait que c'est le même être qui se réincarne consciemment depuis, dix-huit fois et transmet à chaque incarnation, ce pouvoir à d'autres lignées.

Il nous reste maintenant à étudier les techniques

corporelles qu'utilisent ces trois voies comme tremplin somatopsychique.

B. L'hinayana ou bouddhisme des Anciens

Les techniques corporelles des Anciens sont de trois sortes : l'installation de l'attention juste, l'établissement de la tranquillité et la voie de la vision pénétrante. Ce sont celles qui étaient pratiquées par les premiers bouddhistes aux Indes, puis après leur quasi-totale disparition, vers le xe siècle, elles se sont perpétuées à Ceylan, en Thaïlande et ont été récemment renouvelées en Birmanie. Le vénérable U Naranda (1868-1955) a restauré la pratique des méthodes anciennes selon les textes primitifs, et elles ont été propagées à sa suite par U Sobhana Mahathera, puis par Goenka.

1) SATIPATTÂNA, l'installation de l'attention juste. Rien n'est possible sans une bonne posture corporelle au départ. Il faut que le corps puisse s'engourdir par l'immobilité absolue dans une posture d'équilibre total. Pour cela il convient d'être assis à plat à même le sol les jambes croisées dans la posture du lotus ou demi-croisées dans le demi-lotus (le genou droit sur le pied gauche et le pied gauche sur le genou droit) ou non croisées dans la posture confortable (le pied gauche entre la cuisse et le mollet droit). Sauf pour les femmes qui s'agenouillent sur un coussin et s'assoient sur les talons, les mains sur les genoux. Si l'on ne peut la pratiquer il faut s'y exercer en attendant de pouvoir commencer à méditer. La nourriture doit être modérée et ceux qui suivent une session s'abstiennent de

nourriture solide et liquide après le déjeuner de midi selon le sixième précepte des moines. On commence par prendre le triple refuge dans le Bouddha, les Écritures et la Communauté des fidèles, ce qui est la conversion au bouddhisme. Les Occidentaux sont étonnés de l'apprendre au début de la session mais on ne peut pratiquer la méditation bouddhique si on n'est pas bouddhiste. Sinon ce n'est qu'une gymnastique intellectuelle laïque, qui ne sera suivie d'aucun effet important.

Comme « l'esprit précède les choses, les domine et les crée, si l'esprit est compris, toutes les choses seront comprises ». L'établissement de l'attention juste est le passe-partout infaillible pour connaître l'esprit, l'outil parfait pour le former et l'instrument sublime pour le libérer. C'est le sentier unique. L'attention pure est la connaissance claire et entière de ce qui nous arrive réellement à nous en nous en cet instant. On demeure contemplant le corps dans le corps, car on ne connaît l'esprit que par le corps. Le premier choc violent sera la découverte de l'omniprésence du changement perpétuel. Elle va se faire à travers les quatre objets de l'attention : le corps, les sensations, l'état d'esprit et les contenus mentaux.

A) *L'attention au corps.* Elle débute avec 1) l'attention sur la respiration. C'est une méthode fort difficile, car, habituellement nous sommes en respiration régulière, automatique et inconsciente ou nous passons en respiration consciente, mais volontaire et irrégulière. Ce qu'il faut arriver à obtenir c'est la respiration régulière, automatique, consciente. Mais les premiers efforts pour prendre conscience de sa respiration la troublent et la rendent volontaire et irrégulière. Avec une longue pratique cependant, on arrive à faire attention à sa respiration sans la commander puis le calme, l'égalité et la profondeur du souffle se produisent naturellement.

Diverses techniques sont utilisées à cet effet. D'abord on peut amener la conscience sur le triangle formé par la lèvre supérieure et dont le sommet est le nez, et on le sent, pendant des heures. Puis on peut prendre conscience de la base du nez et des deux trous des narines. La sensibilité se développe extraordinairement sur la peau qui entoure les deux trous et l'on sent parfaitement l'air qui entre et qui sort. On peut par la suite développer la sensibilité de l'intérieur du cartilage du nez, puis du conduit dans la partie osseuse du nez et des trois cornets. Après on sent l'air descendre dans la gorge. Avec des années de pratique la sensibilité peut atteindre les poumons. On peut aussi se concentrer sur la montée et la descente du ventre (ou de la poitrine, latéralement avec les côtes flottantes ou verticalement avec le haut du sternum). On peut observer aussi des narines au ventre ou inversement du ventre au narines. La méthode birmane est centrée sur le passage de l'air qui entre et qui sort (phut, phit) comme symbole même du changement et de l'instabilité essentielle du monde.

Ceci amène à la découverte métaphysique que ce n'est pas nous qui respirons, mais qu'un souffle nous habite, c'est le Grand Souffle, celui de la Vie. Il est insufflé dans les narines à la naissance et nous le rendons avec le dernier souffle (dans bien des pays, comme en Océanie, il était absorbé dans un baiser par le fils, au moment de la mort de son père). Ce grand rythme vital du va-et-vient de la respiration se retrouve dans le mouvement des vagues et des marées, dans le jeu religieux de la balançoire aux Indes, dans le bercement de l'enfant par la mère et dans le va-et-vient de l'acte sexuel qui produit la vie.

L'attention passe donc des narines et du corps au

souffle. Elle doit rester élastique et n'être jamais tendue ou forcée dans un acte volontaire, au début il faut s'arrêter et se reposer au bout de vingt minutes d'attention.

2) Puis on peut passer à l'attention sur les postures du corps : debout, assis, couché, en marchant. La pensée quitte le but pour prendre conscience de l'acte de marcher. En toute occasion il faut être conscient de son corps. En regardant ses poses avec une objectivité détachée, l'habituelle identification au corps commence à se dissoudre. On se regarde comme une marionnette grandeur nature et l'on éprouve un sentiment d'aliénation et un léger amusement.

3) La compréhension claire (*sampajanna*) s'étend au-delà des quatre postures à toutes les actions du corps : se courber, s'habiller, manger, parler, regarder, s'endormir. Elle accroît l'impersonnabilité du corps en l'étendant à l'expérience quotidienne. Elle est de quatre sortes. Celle du but fait se demander si ce que l'on va faire est bien en accord avec son projet spirituel. Celle de la connaissance enseigne l'habileté dans le choix des moyens justes, car l'on ne peut pas tout choisir et il faut souvent composer. Celle du domaine de méditation demande que l'on unisse sa méditation à tout ce que l'on fait dans les activités quotidiennes. Celle de la réalité fait comprendre qu'il n'y a pas de « je ou mien » de personnalité permanente ni de substance éternelle de quoi que ce soit.

4) La contemplation des parties du corps vise en réalité à réaliser ce qu'il y a sous la peau : un squelette, des matières en décompositions, des humeurs et liquides, des résidus de nourriture. Ainsi, on se délivre de l'illusion de la beauté du corps, de son désir et même de son unité. Cette méditation sur ce qui est

répugnant n'engendre pas la tristesse mais le détachement et une gaieté tranquille.

5) La dissection dans les quatre éléments consiste à résorber le corps au-delà de ses parties dans ses éléments : la terre, l'eau, le feu et l'air. La réduction à l'air est particulièrement favorisée par la concentration sur la respiration. Cela accroît la conscience de l'impersonnalité du corps.

6) La contemplation dans les lieux de crémation ou les cimetières cherche à découvrir le corps dans ses divers degrés de putréfaction. Elle délivre des attachements sensuels et est une leçon d'impermanence. Il n'est donc nul besoin de mortification pour obtenir un détachement du corps et de la notion de personne et de substance. Tout n'est que phénomène passager.

B) *L'attention aux sensations*. De l'attention au corps, on passe à l'attention aux sensations que procure le corps. De la même manière on les observera toujours de manière neutre et détachée, qu'elles soient agréables ou désagréables. Elles sont dépouillées ainsi de leurs composés émotifs et égocentriques, et ainsi, l'on s'en libère. On note simplement l'origine, la formation, l'apparition, l'acmé, puis la décroissance et la disparition que ce soit pour le goût d'un aliment agréable ou une rage de dents. Ainsi, rien ne peut troubler la méditation car, si l'on est dérangé par des bruits, des paroles ou des cris stridents on les prend comme objet de l'attention et les observe dans leur apparition, puis leur disparition, car rien n'est durable ni permanent.

C) *L'attention à l'état d'esprit*. Les exemples donnés sont ceux de l'illusion, de la haine, du désir ardent, de l'esprit distrait ou étriqué. Nous parlerons plutôt de mentalité et l'habitude de pensée pour mieux se connaître. Si, pendant qu'on médite, on sent monter la colère à cause d'un bruit dérangeant, le seul fait d'en prendre conscience et de nommer « une sensation sonore provoque la colère » suffit à l'arrêter.

D) *L'attention aux contenus mentaux*. Elle se fait sur les cinq obstacles (désir sensuel, colère, torpeur, remords, doute), les cinq agrégats d'attachement ou états de conscience, les six sens intérieurs et six extérieurs et les sept facteurs d'éveil. Mais avec ceci, nous avons quitté le corps pour l'observation de l'esprit par l'esprit.

2) Samatha. L'établissement de la tranquillité est la seconde étape. Elle s'installe en faisant les pratiques précédentes. D'abord, apparaissent des images qui se purifient et deviennent de bonne augure (forêts, océans, nuages) puis des lumières et des visions qui deviennent de plus en plus brillantes et emplissent de joie. La culture de l'esprit se complète en effet par toute une culture du cœur et l'on passe par les quatre états sublimes : amour bienveillant, compassion, joie sympathique et équanimité. Rien ne doit être fait pour soi, même la méditation. C'est en protégeant les autres que l'on se protège soi-même. Il existe trente-huit sujets traditionnels de méditation conduisant à la tranquillité. On s'absorbe dans la respiration qui se résorbe d'elle-même. Ainsi s'établit une absorption du sujet tout entier, corps et esprit, dans l'état de calme.

3) Vipassana. La voie de la vision pénétrante succède à l'installation de l'attention juste et à l'établissement de la tranquillité. Tout est fait à la lumière des trois caractéristiques de l'existence qui accompagnent tout : l'Impermanence, la Souffrance et l'Impersonnalité. C'est la conviction qu'il faut réaliser en faisant

tous ces exercices. Il faut aboutir à une expérience personnelle indubitable et inébranlable que tout n'est que phénomène, que tout phénomène est source de souffrance et que l'égo et la personnalité ne sont aussi que des phénomènes. La vision intérieure libère du désir, de l'aversion et de l'illusion et permet de voir toutes les choses du monde extérieur ou du monde intérieur comme de simples phénomènes. On l'obtient en passant de la conscience de la respiration, à celle de l'acte de respirer, à celle des sensations en respirant, puis à l'idée que l'on respire, et à la conscience de sa conscience que l'on est en train de respirer. La vision intérieure pénétrante accompagne le détachement parfait. On atteint les étapes de la sainteté et les véritables absorptions (jhâna). L'esprit parvient alors à un très haut degré de concentration, de pureté et de calme et obtient la Libération.

Le lama Anagarika Munindra décrit ainsi sa première expérience d'entrée dans la voie de la réalisation :

« Un soir, j'étais dans un état de repos, relaxé et dans un état d'esprit attentif et lucide. Soudain, je sentis un feu effrayant et puissant qui brûle mon être des pieds à la tête avec une très grande rapidité. Ceci fut une première expérience vécue de la mort pendant ma pratique de méditation intuitive. Immédiatement après apparut une lumière accompagnée de fraîcheur et de visions. D'après la tradition vipassana, ceci est connu comme le commencement de la vie spirituelle, ou "entrée dans le courant". »

CHAPITRE V

LE LAMAÏSME TIBÉTAIN

À l'opposé du zen, où l'on peut dénombrer les trois ou quatre techniques corporelles groupées autour de la posture de méditation, dans le bouddhisme tibétain il est impossible de faire le tour d'une multitude de pratiques corporelles se diversifiant dans des orientations multiformes, comme dans les yogas. C'est en effet la voie la plus proche du yoga, au point qu'on peut le considérer comme un yoga bouddhique. C'est de plus une voie ésotérique, ce qui ne veut pas dire secrète, mais non divulguée aux profanes sur la place publique, la révélation d'une doctrine et des pratiques qui l'accompagnent n'est faite qu'à celui qui l'a mérité et au moment où il en a besoin. Nous ne pouvons donc donner qu'un aperçu de quelques pratiques corporelles dont les Occidentaux ont eu connaissance.

A. Les pratiques corporelles de la religion bouddhique tibétaine

1. L'entrée dans la religion bouddhique tibétaine est souvent précédée de la réalisation de cent mille prosternations devant les Bouddhas. Les lamas au début de leur venue en Occident ont d'abord fait cette

demande avant toute initiation. Puis ils y ont renoncé lorsqu'ils ont vu que bien peu arrivaient à réaliser cette demande qui exige environ cinq ans. Cela correspondait pour eux au hatha-yoga et constitue une pratique corporelle sévère. La grande prosternation exige que l'on s'allonge à plat sur le sol en posant successivement les genoux, la poitrine et le front, puis que l'on se redresse. Au début on en fait dix de suite puis l'on arrive à une centaine et il faut se reposer. Au Tibet les novices se protègent les mains avec des tissus pour pouvoir glisser dessus et des planchers ont été usés par cette pratique, qui brise l'orgueil corporel.

2. La prise de refuge n'est accordée qu'à ceux qui la méritent lors de certaines cérémonies. On prononce la formule rituelle par laquelle on prend le triple refuge dans le Bouddha, le Dharma ou la doctrine et la Sangha, l'église ou communauté des moines. On peut le faire seul, mais il est mieux que cela soit public et accompagné de l'aide du lama qui l'accepte et le transmet.

3. Un rituel religieux et magique est célébré matin et soir dans le temple par les moines assis face à face de chaque côté de l'autel. Il comporte des chants et la récitation des textes sacrés. Le chant tibétain est une technique corporelle savante et fort complexe. Avec un long entraînement les moines obtiennent des voix de basses remarquables ; leurs voix descendues au fond de la gorge sont tellement caverneuses qu'elles semblent venir directement du ventre et que l'on se demande si elles sortent d'une poitrine humaine ou des entrailles de la terre. Mais elles sont effectivement en liaison avec le centre d'énergie qui se trouve au niveau du nombril. Le résultat fort impressionnant stimule les forces secrètes et prédispose à la méditation.

4. Il en est de même pour leur musique très

particulière. Ils utilisent des tambours et gongs qui instillent un rythme lancinant. Par-dessus s'installent les trompettes et les longues trompes (radong) aux sonorités caverneuses qui éveillent les plans inférieurs de la psyché. Régulièrement éclatent les cymbales qui court-circuitent l'esprit et réveillent les zones endormies. De temps en temps viennent des séquences de la tolbu ou petite cloche qui est un instrument d'éveil et du damaru, le petit tambour à boules qui appelle des êtres de l'autre monde. L'ensemble de cette musique est construit pour faire appel à la fois à toutes les composantes de l'esprit, en faisant jouer toutes les zones des hémisphères cérébraux.

5. Les Tibétains utilisent aussi la récitation des mantras. Ils en ont de fort nombreux selon les différents Bouddhas et Boddhisatvas, selon les buts, les occasions, les dates, les lieux... Certains sont fort longs et peuvent être des phrases des Écritures, d'autres très courts ne sont que des exclamations (Hik, phat...). Leur énonciation fort longue à apprendre n'est efficace que si elle est accompagnée de l'état de conscience correspondant. Le plus célèbre de tous les mantras tibétains est « Om Mani Padmé hum » qui est le mantra du Bouddha Avalokiteshvara. Le lama Anagarika Govinda a consacré plusieurs chapitres d'un de ses livres pour en expliquer le sens et la profondeur. Il est particulièrement envoûtant et il est arrivé à des Occidentaux de ne pouvoir s'arrêter de le chanter pendant des heures, à leur stupéfaction.

6. Ces récitations et ces cérémonies rituelles sont accompagnées de mudras qui sont les gestes symboliques des doigts et des mains. On les utilise aussi pendant les méditations pour susciter des états de conscience particuliers et invoquer un Bouddha ou plus exactement l'évoquer en le faisant descendre dans

son corps. Car chacun des Bouddhas qui apparaissent pendant la méditation, les cinq Dhyanibouddhas ont leur mudra spécifique qui traduit leur principale qualité ou leur fonction. Le Bouddha du royaume du Nord Amogasiddhi fait le geste de l'absence de crainte (abhaya-mudra), main droite verticale paume en avant, lié à l'air. Celui du royaume du Sud, Ratnasambhava fait le geste de la charité (varada-mudra), présentant la paume ouverte doigt vers le bas, lié à la terre. Celui de l'Est, Akshobya, répète le geste de prendre la terre à témoin qui a permis au Bouddha historique, Gautama, d'atteindre l'illumination (Bhumi-sparça-mudra) les doigts touchant la terre, lié à l'eau. Celui de l'Ouest Amitabha est dans le geste de la méditation (Dhyana-mudra) décrit dans la posture zen, lié au feu. Enfin le Bouddha du Centre, Vaïrochana a le geste de la mise en mouvement de la roue de la loi (Dharmachakra-mudra) les doigts des deux mains enlacés comme le sont les effets et les causes, lié à l'éther. Pendant les divers rites les lamas manient toujours un dorjé qui est un foudre, petit instrument formé de quatre branches s'unissant au milieu et à chaque extrémité.

7. Au début, il était interdit de faire des représentations du corps du Bouddha historique. On ne représentait qu'un tronc vide, une paire de sandales vides, ou l'arbre de Bodh-Gaya sous lequel a eu lieu l'illumination. Puis les premiers bouddhistes construisirent des monuments semi-circulaires les stupas. Chez les Tibétains les stupas sont devenus des chörtens et ils en ont construit partout. Ces monuments sont intéressants en ce qu'ils correspondent au corps humain en offrant la même superposition des éléments liés aux centres d'énergie et aux cinq Dhyanibouddhas. La base est un cube qui correspond à la terre et au bassin. Dessus se

trouve une coupole hémisphérique qui correspond à l'eau et au bas-ventre. Puis se dresse une colonne qui évoque le feu, donc le plexus solaire et la colonne vertébrale. En haut, se trouve un croissant de lune en cuvette qui correspond à l'air et au cœur. Au sommet est la flamme qui évoque l'éther et le centre de la gorge ou la flamme de l'auréole. Ainsi ce monument correspond-il point par point au corps d'un ascèse assis en méditation.

8. La conduite vis-à-vis de ces monuments qui engage tout le corps est la circambulation rituelle. Mais l'on prend soin en en faisant le tour de présenter au Bouddha le côté de bon augure qui est le droit, sinon ce serait sinistre. Par conséquent, le pèlerinage se fait en tournant autour du chörten dans le sens des aiguilles d'une montre, destrogyre et non sinistrogyre.

9. Les Tibétains ont une conception magique du monde, qui nous est totalement étrangère quand on est dans les métropoles que nous avons construites, mais qui devient immédiatement et totalement évidente dès qu'on est avec eux dans les solitudes glacées du Tibet. En vertu des correspondances secrètes, de l'emprisonnement des esprits, de l'évocation des Bouddhas, de l'éveil des puissances cachées, il est possible de mettre des forces dans des objets. Cela suppose que l'on n'ait pas la conviction d'un monde matériel formé d'objets inertes, mais d'oscillations et de vibrations qui peuvent entrer en correspondances. Ainsi les drapeaux sur lesquels sont écrits des versets sacrés et qui sont à l'entrée des monastères assainissent et purifient l'air en chassant les démons : ils sont nommés les « Chevaux du Vent ». Le Bouddha historique ayant déclaré mettre en mouvement la roue de la loi du bouddhisme, on peut célébrer son souvenir et participer à son acte inaugural, par une conduite corporelle qui consiste à

faire tourner des reliquaires où se trouvent les textes de la Loi Bouddhique tout autour des temples et des grands chörtens. On peut même en faire tourner des réductions que l'on tient à la main. Ces moulins à prières (dont on s'est tant moqué) correspondent donc à la liquéfaction du sang de saint Janvier à Naples, au saint suaire de Turin et aux divers reliquaires chrétiens.

10. S'il y a dans le monde des correspondances sonores, il y en a aussi de géométriques. Il est possible d'évoquer des esprits et des Bouddhas en s'aidant du tracé de leur structure géométrique. Elle se complète par leurs représentations et peut servir de support à leur visualisation et d'appeau pour leur venue. On peut en effet construire un mandala tout en réalisant une invocation ou étudier en détail un mandala déjà réalisé qui est la forme d'une théorie, d'un système, ou de parties de l'autre monde. Ces peintures peuvent être fort complexes et demander une vie d'apprentissage pour savoir les reproduire fidèlement selon la tradition. En général, leur structure comprend un cercle inscrit dans un carré ouvert de quatre portes. Jung les a longuement étudiés et en a montré la valeur psychothérapique menant à une centration de l'Être et à la découverte du Soi. Il a trouvé en eux une confirmation des dessins centrés qu'il avait spontanément réalisés pour surmonter une crise grave.

11. Au-delà de l'évocation sonore et de la figuration peinte, les lamas utilisent la présentation corporelle dans les danses sacrées. Elles unissent tous les arts et tous les sens et, par l'harmonie avec le cosmos, elles permettent la rencontre avec les dieux. La puissance sacrée s'actualise dans le mythe et le rite. L'énergie originelle est son pur ; transposée par le rythme dans l'espace, elle devient mouvement. Tous les danseurs

portent des masques, ces fenêtres sans visages, qui permettent de voir l'Inconnu. Ainsi s'établit la liaison entre les deux mondes.

B. Les techniques corporelles de la méditation

1. La posture corporelle à adopter est celle du diamant (vajrasana). La description en sera donnée dans la posture du Zazen, la seule différence est qu'ici c'est la main droite qui est posée dans la main gauche. Pour pouvoir rester des heures absorbé dans la méditation, il convient que le corps se tienne droit, centré et en équilibre sur une base large d'appui avec le sol. La colonne vertébrale doit être bien droite pour que l'énergie puisse monter aisément et circuler dans tout le corps facilement. La tête aussi doit être droite, les vertèbres cervicales étirées dans le prolongement des autres : si elle est pliée vers l'arrière on est victime des distractions et si elle se baisse vers l'avant on est gagné par la somnolence.

2. Ce qui caractérise le yoga tibétain c'est un emploi constant des visualisations, menant à la contemplation et aboutissant à des apparitions. Il est faux de croire qu'il faut se concentrer sur « rien », aucune image, aucun objet, aucune pensée. Cela engourdirait l'esprit qui deviendrait inactif et paresseux et finirait par s'endormir. Ou sinon, il prendrait ce rien pour un objet, car il ne peut y avoir de conscience sans objet. On peut seulement au début utiliser la récitation de mantras pour anesthésier et calmer un esprit trop agité. Après seule la méditation sur shounyata (la Vacuité) permet de couper les racines de toute souffrance, mais ceci doit être accompagné de l'exacte

compréhension intérieure. Donc, au début il faut se concentrer sur une image de Bouddha, par la suite nous nous sentirons progressivement, de plus en plus proche de la forme visualisées, et nous finirons par nous unir à cette vision.

3. À ce niveau supérieur cela devient fort complexe. En gros, on peut considérer qu'après avoir longtemps médité, vient la période des apparitions corporelles. Le méditant voit apparaître les différents Bouddhas, boddhisatvas et êtres supra-mondains qu'il a longtemps évoqué et auquel il est relié par sa lignée de maîtres. Particulièrement, il y en a un qui joue un rôle spécial, c'est l'Yidam, à la fois divinité d'élection, double de soi-même, conseiller intime et guide. Son action et ses interventions sont très importantes durant cette période. Enfin, il est une période ultime, qui semble oubliée par nombre de bouddhistes tibétains, où tous ces êtres ou ces apparitions sont reconnues comme de simples projections de sa conscience. Ils sont alors résorbés en soi et s'évanouissent dans la Vacuité, qui est le mot qui traduit le moins mal la nature profonde de l'autre monde qui est la Réalité Ultime.

4. De même que les premières étapes du processus de la méditation sont symbolisées dans le zen par les dix tableaux du dressage de la vache, du dressage du cheval dans le taoisme et du dressage du buffle dans le T'chan chinois, il existe dans le bouddhisme tibétain l'illustration de onze stades par la domestication de l'éléphant. Ils symbolisent la maîtrise de la partie sauvage, des désirs, des plaisirs, des sens et des distractions ainsi que de la torpeur et de la somnolence, grâce à la vigilance et l'obstination dans la concentration.

5. La méthode d'Atisha (982-1054) comprend onze

contemplations. 1) L'équanimité en renonçant au monde (samsara). Elle apparaît dès que l'on renonce à considérer les êtres en amis, ennemis et indifférents, selon notre point de vue égoïste. 2) Reconnaître sa mère dans tous les êtres. Il faut aimer tous les êtres autant que l'on aime sa mère, car tous ont été effectivement notre mère dans une existence précédente vu leur nombre. 3) Se souvenir de leur bonté. En constatant l'amour de notre mère dans cette vie présente nous imaginerons les bontés de toutes nos mères passées et se développera le désir croissant de leur venir en aide. 4) Vouloir retourner la bonté. Nous voudrons donc rendre leurs bontés et leur amour à tous les êtres. 5) Égalité entre soi et les autres ou pur amour. Nous devons aimer et aider les autres comme nous-mêmes. 6) Contemplation sur l'erreur de l'amour de soi ou égoïsme (ou grande compassion). Il est une maladie chronique génératrice de tous les conflits. 7) Contemplation sur les justes raisons de l'amour d'autrui. Tout ce qui est bien provient de l'amour désintéressé qui a été porté à autrui. 8) Contemplation sur l'échange de soi avec les autres. Ceci mène à reporter sur les autres les sentiments que nous éprouvons vis-à-vis de nous-mêmes. 9) La voie de la pratique pour prendre et donner. Sa base matérielle est la respiration sur laquelle nous nous concentrons en découvrant que nous prenons et rendons sans cesse, mais nous aspirons un air pur pour rendre un air vicié qui nous a nettoyé. Il faut inverser le phénomène et dans l'inspir prendre tous les malheurs et toutes les souffrances des autres, puis dans l'expir leur rendre le bonheur sous forme de lumière blanche que l'on émet et qui représente la lumière du Dharma qui les libère. 10) Prendre sur soi la responsabilité de sauver tous les êtres. Inspiré par la plénitude de l'amour je dois faire ce vœu, sans penser que cela est au-dessus de mes forces. 11) La *bodhicitta*. L'esprit d'éveil s'obtient lorsqu'on réalise que seul Bouddha peut exécuter ce vœu et que nous devons réaliser que nous sommes nous-mêmes Bouddha.

6. Pour les Tibétains, l'hinayana qui mène au stade d'arhat, s'arrête au sixième stade d'Atisha, les cinq autres leur sont propres et mènent à l'état de boddhisattva. La voie de la méditation n'est possible qu'après, lorsqu'on la cherche uniquement par amour pour sauver les autres. Elle comprend elle-même dix stades qui sont la joie suprême, le stade sans tache, la lumière grandissante, puis rayonnante, la suppression difficile, l'évidence grandissante, l'éloignement, l'immobilité, l'excellente sagesse, les nuages du Dharma. Alors, et alors seulement, il a réalisé ses trois corps. Il a cessé de s'identifier au troisième qui est le corps manifesté (nirmanakaya) corps physique ou corps de chair. Il a atteint dans l'extase son corps de félicité (sambhogakaya) que seuls retrouvent les arya boddhisattva. Puis il s'est uni à son corps de Dharma (Dharmakaya) qui est l'esprit du Bouddha dans sa compassion sans borne et sa sagesse infinie.

Mais tout ceci ne peut être réalisé seul, il faut avoir demandé et obtenu l'aide du Bouddha, de la doctrine et de la communauté. Les trois sont transmis par un maître qui donne ses initiations.

C. La voie ésotérique des initiations

1. Comme dans le yoga, en travaillant tout seul, on n'aboutit à rien. On ne peut progresser qu'avec l'aide d'un maître (Tsarvai-lama). Mais la relation au maître n'atteint pas l'intensité de celle au gourou dans le

yoga, car elle est tempérée par celle de la communauté des moines. On ne progresse dans le bouddhisme qu'en recevant des initiations (Wang-Kur). L'initiation est une cérémonie très complexe par laquelle le maître fait participer au degré de conscience qu'il a atteint. Tous les moines (gelong) ne le peuvent pas, seuls le réussissent ceux qui ont atteint un degré de réalisation élevé, les lamas. Encore sont-ils obligés de s'y préparer spécialement. Et les techniques corporelles sont importantes et très précises. Ils doivent jeûner pendant plusieurs jours, garder le silence et se retirer pour méditer. Il y a la préparation de fleurs artificielles et de figurines ou de petites tours en pâte de riz (les Tormas). Un mandala en relief est construit en terre et peint. Durant la cérémonie d'initiation, tous les objets préparés y sont disposés avec la récitation de leurs mantras et on leur fera des offrandes de fleurs et de poudres colorées. Tous ces éléments sont un support à la puissance de visualisation et donc d'évocation. Parfois, des pilules magiques longuement préparées par le maître sont données à cette occasion.

2. L'initiation est un transfert de pouvoir. Le maître fait descendre en lui un des Bouddhas ou Bodhisattva et fait participer le disciple à cette possession. Les apparitions dont nous avons parlé ne sont possibles que lorsqu'on a reçu l'initiation magique qui lui correspond. La visualisation dans la méditation est insuffisante si elle n'est pas soutenue par un amour ardent et le « branchement » sur les divinités protectrices de la lignée. En France, des initiations collectives ont été données. Elles sont souvent doubles et peuvent concerner l'aspect paisible et l'aspect irrité de la même divinité. Ainsi il faut discerner le même être à travers Tchenrézi à quatre ou mille bras, aspect de compassion d'Avalokiteshvara et d'Amithaba, le Boud-

dha de lumière infinie, et à travers Hérouka à six bras qui est l'aspect terrible de cette grande compassion. Ou bien elles peuvent unir l'aspect masculin, initiation à Manjusri, l'intelligence discriminatrice, aspect d'Amogasiddhi et l'aspect féminin, initiation à la Tara verte, l'activité libératrice et le principe de dépassement des conflits. D'autres initiations ont été données à Dordjé Pamo, Yidam des Kagyupa, ou à Dordjé Sempa (Vajra Yogini) deux principes féminins d'ouverture ou du pur être de la dernière qui est Hérouka, aspect mâle du pouvoir d'illumination.

3. Les initiations correspondent à la partie tantrique du bouddhisme tibétain. Celui-ci est l'héritier du tantrisme bengali, hindou et népalais, ainsi que de la magie pratiquée au Tibet avant sa venue. Mais il semble que dans le bouddhisme ces pratiques soient devenues symboliques. Son principal aspect est que chaque Bouddha se dédouble en sa moitié masculine et sa moitié féminine. Et dans leur représentation tantrique ils sont toujours figurés unis par un acte sexuel (les Yub-Yam). Alors pour les moines, l'amour pour ces formes féminines qui ont envahi le bouddhisme (les cinq Tara, les Dakkinis ou fées...) remplace le désir pour des femmes. Le tantrisme est la voie courte de réalisation qui utilise beaucoup plus le corps que l'étude de la philosophie. Mais il n'est révélé que dans la seconde moitié de la vie, et un moine tibétain doit passer au moins vingt ans à étudier d'abord les principaux livres de morale, de psychologie, de philosophie ou de disciplines.

4. Il ne faut pas croire que ce tantrisme soit fondé sur le sexe. Celui-ci n'est évoqué que pour permettre la montée de l'énergie sexuelle qui s'épanouit en illumination arrivée au sommet. Les Tibétains ont à peu près la même conception du corps d'énergie que les yoguis

hindous. Mais ils ne reconnaissent que cinq chakras ou centres d'énergie dans le corps, et ne s'occupent donc pas des deux premiers, correspondant au périnée et au sacrum. Le tantrisme peut utiliser tout aussi bien l'horreur de la mort. C'est ce qui se fait dans le rite célèbre du Tchöd ou dépeçage du corps. Après une très longue et sérieuse préparation, le moine, qui s'en sent capable et poussé par l'amour universel, va offrir son corps en pâture aux démons. Il se retire dans un endroit désert et il passe plusieurs heures à évoquer la présence des génies du lieu, des spectres, goules, fantômes, esprits errants et démons dévorants. Mentalement, il va dépecer son corps et leur en offrir les morceaux à manger. Il faut certainement une très grande force d'âme pour revenir sain d'esprit de cette cérémonie, comme le décrit David-Neel.

5. La pratique des techniques corporelles de l'extase dans le bouddhisme tibétain s'effectue lors d'une retraite qui dure trois ans, trois mois et trois jours en théorie, mais parfois beaucoup plus : sept ou douze ans. On vit dans la plus totale solitude, ne parlant à aucun être humain. Le moine est dans une cellule où il ne peut se tenir ni debout ni couché. Il passe ses jours et ses nuits assis en lotus dans la position de la méditation. Aussi parvient-il à transformer son sommeil qui est remplacé par la méditation. Les programmes de visualisation et de méditation, comme on va le voir, sont si considérables qu'il y a de quoi s'occuper pendant des décennies. Dans les ermitages il y a une petite cour où l'on peut se promener sans être vu de personne et sans voir personne, avec un système de sas, pour recevoir de même la nourriture. Plusieurs ermitages de ce type ont été construits en France, et la seconde série de retraite commencée. Dans les Himalayas il arrive que le méditant soit muré dans une

grotte. Le travail sur le corps est donc la base de toutes les réalisations qui pourront être obtenues par la suite. Mais leurs répercussions sur le corps sont aussi considérables.

Le tantrisme est l'héritier de toute l'ancienne magie et son élément central en est la croyance en la puissance de l'imagination créatrice (Kerim). Elle est capable de créer une réalité nouvelle par les symboles créateurs multidimensionnels de l'expérience vivante. C'est ainsi que le pouvoir de la pensée de certains lamas pourrait visualiser un corps brillant d'illusion et le faire apparaître dans le monde de la manifestation. Alexandra David-Neel a ainsi écrit qu'elle avait visualisé un lama, qui avait vécu avec elle, que d'autres avaient vu et qu'elle avait eu le plus grand mal à faire repartir. C'est ce que l'on appelle un toulpa, corps créé pour le besoin d'une œuvre par la visualisation objectivante. En tout cas le tantrisme utilise cette puissance pour se transformer de l'intérieur, son effet étant aussi grand dans le monde intérieur que dans le monde extérieur.

7. Ces techniques tantriques sont dangereuses tant qu'on n'a pas élaboré la vision intérieure pénétrante. Elles sont exposées dans le traité *Chös drug*, le yoga des six doctrines (il vaudrait mieux traduire par technique que par doctrine), car ce sont des pratiques corporelles concrètes. 1) Gtûm-mô est l'obtention de la chaleur intérieure. Il s'agit d'abord de la reconquête de la thermorégulation et au-delà de pouvoir résister au froid (et au chaud). Ainsi l'on découvre quels sont les pouvoirs réels du corps humain, quand ils sont pleinement développés. Sa démonstration nous a été donnée par tous les méditants et ermites que nous avons pu rencontrer dans les cavernes de l'Himalaya, au Bhoutan, Sikkim, Népal, Inde, Cachemire, Laddak, Tibet. Ils passent l'hiver dans des grottes ou cellules

sans aucun chauffage, parfois à moins trente degrés, certains nus, d'autres vêtus d'une mince pièce de coton (répa), comme le célèbre Milarépa. Les moines bouddhistes pratiquaient autrefois des examens où venaient les candidats des différents monastères. Une nuit ils se présentaient nus au bord d'une étendue d'eau, on brisait la glace, trempait des draps que l'on posait sur leurs épaules, et ils devaient en sécher trois au moins dans la nuit pour obtenir le titre de répa. Et désormais, dans les solitudes glacées, ils étaient vêtus de coton et non plus de laine. D'autres s'asseyaient dans la neige et la faisaient fondre tout autour d'eux. Le pouvoir de la chaleur psychique s'obtient par des visualisations du corps physique comme vide puis empli de Vajra Yogini, avec un conduit intérieur rouge, et des rayons de lumière aux sept couleurs rayonnant à partir de tous les pores de la peau à chaque expiration, comme des vagues de dons. On utilise des respirations polarisées par une seule narine et rythmée en rentrant le ventre à la rétention vide, ou des barattements du ventre comme un souffle (bhastrika) avec des visualisations des lettres de l'alphabet tibétain, et l'on fait monter le feu le long du cordon de centre en centre. 2) Sgyu-lüs est la technique du corps d'illusion (maya-kaya). Il s'agit de réaliser son corps comme n'étant pas en matière, ou chair mais comme une image vue dans un miroir, ou en rêve. Les techniques similaires aux précédentes font visualiser dans le conduit médian une colonne de fumée ou de brouillard qui peu à peu emplit le volume du corps. 3) Rmi-lam est la technique de l'état de rêve. Elle commence par la compréhension de l'état de rêve en pressant les pulsations des artères de la gorge. On peut visualiser un point noir au niveau du sexe, rouge au plexus solaire et blanc entre les deux sourcils. Puis vient la transmutation du contenu du rêve, dans un rêve lucide on arrive à changer le déroulement de son rêve. Et l'on continue jusqu'à ce que l'on arrive à voir tous les êtres à l'état de veille, comme s'ils étaient vus dans l'état de rêve. Comme les techniques ont été exposées en détail dans *La maîtrise des rêves*, nous renvoyons à ce livre. 4) Höd-gsal, la technique de la claire lumière. Ayant vaincu l'illusion de la croyance à un monde matériel inerte et épais, en l'égalant à un état de rêve, il est possible de découvrir sa véritable nature, qui est l'énergie pure, visible sous sa forme de claire lumière. Elle est sans couleur, sans qualité, sans limitation. Toutes les autres lumières viennent d'elle. La reconnaissance de la Claire Lumière a lieu dans l'intervalle qui se trouve entre la cessation des expériences de l'état de veille et le commencement des expériences de l'état de sommeil. Alors on fait s'ouvrir le lotus du cœur et l'on visualise cinq syllabes sur ses quatre pétales et à son centre. Et au lieu de tomber dans le sommeil, on entre dans l'aube de la Claire Lumière fondamentale. Un corps pur illusoire, le double de soi-même, se lève alors comme celui qui s'éveille, c'est le vrai corps de rêve. 5) Bardo, les techniques pour la réalisation de la réalité dans l'état intermédiaire après la mort. Cet état est comme celui d'un rêve, mais un peu plus consistant. Il correspond à ce que nous nommons le ciel, l'enfer, le purgatoire et les limbes. Pour les Tibétains il existe six mondes (loka), celui des dieux (devas), des génies ou démons (asuras), des hommes (nara), des brutes ou animaux (trisan), des esprits malheureux (peta) et des enfers (hung). Dans l'état intermédiaire entre deux réincarnations, se situent quatre des six bardos : chikhai, l'état transitoire de l'agonie au moment de la mort ; chönyid, les rêves des mondes de l'au-delà ; sidpa, l'état transitoire de la renaissance et Kyenay, celui de la corruption. Les deux autres bardo sont milan, celui des rêves et tingezin samtan, celui de l'extase dans la méditation. Pour ceux qui n'ont pas pu réaliser la Vérité dans leur vie, l'instant de la mort est la dernière chance. Pendant quarante-neuf jours un lama parle constamment à l'esprit du défunt pour le guider, l'éveiller et lui permettre de réaliser la réalité. C'est que tout ce qu'il vit n'est qu'une projection de sa propre conscience, comme dans le rêve. Successivement, six claires lumières vont lui apparaître, accompagnées d'une lumière terne et fumeuse. Les cinq Bouddhas de compassion lui apparaissent l'un après l'autre puis tous ensemble. S'il ne les suit pas mais préfère les lumières fumeuses de ses appétits égoïstes, les mêmes Bouddhas lui réapparaissent sous leur forme irritée et courroucée et il sombre alors dans les enfers. Alors, la personne avec son nouveau corps d'existence du bardo, le corps brillant d'illusions, va errer sans savoir où aller, chassée par les terribles rafales du vent karmique dans le monde des ombres à l'obscure clarté grise crépusculaire, ressentant une misère et un chagrin infinis. Par contre, s'il reconnaît une des Claires Lumières comme étant la propre clarté de sa conscience il entre dans le corps d'amour (Sambhoga-kaya) des Bouddhas et s'unit à eux dans un nirvana de félicité. 6) Pho-wa, la technique du transfert de conscience permet d'éviter le stage dans le Bardo. Il s'agit de pouvoir faire sortir son principe de conscience de son corps. La pratique en est tenue secrète. Les techniques sont assez semblables aux précédentes, mais ne peuvent être réalisées qu'une fois que l'on est bien capable de réussir les cinq autres. On visualise son corps comme vide, puis on y fait descendre celui de Vajra Yogini. On visualise et ressent le conduit médian rouge, on prend l'énergie au niveau du centre du périnée, on le fait monter et descendre tout le long en ressentant les vingt-et-un lotus du corps. Puis, quand on sent le passage des fontanelles bien ouvert, on le lance hors du corps en poussant deux cris (mantra semblable au hoquet). Dans le tantrisme on peut l'utiliser pour aller dans d'autres corps inanimés. Pour les bouddhistes ceci se fait au moment du départ volontaire pour aller se résorber dans le corps de vacuité nirvanique du Dharma-kaya.

CHAPITRE VI

LE ZEN ET LES VOIES JAPONAISES

Il existe de nombreuses méthodes de réalisation dans tous les pays mahayanistes. Les communautés de moines s'occupèrent principalement des règles de discipline, de la morale, de la récitation des textes sacrés (sutras), des chants, de la philosophie, des commentaires des textes, de l'érudition et des débats passionnés sur des arguties intellectuelles. Au point qu'ils en oubliaient l'essentiel, l'expérience de l'illumination. Aussi, écœuré par toutes ces déviations, un moine chinois du VIe siècle, Boddhidharma, renonça aux querelles savantes pour méditer en s'asseyant face à une falaise. Au bout de dix ans, il obtint la révélation de sa nature profonde de Bouddha, et fonda l'école chinoise du T'chan.

A. Le bouddhisme japonais

Le bouddhisme pénétra lentement au Japon par vagues successives et mis plusieurs siècles pour se japoniser. Il y eut de nombreuses sectes, à l'époque classique on en comptait treize. La plus connue est celle du Zen, qui s'est répandue récemment dans tous les pays occidentaux. C'est la voie de l'illumination subite. Les deux principales écoles sont le Rinzaï et le Soto, toutes deux issues du T'chan chinois. Le Rinzaï-zen fut introduit de la Chine au Japon par Eisaï en 1195. Pour découvrir sa bouddhéïté il faut faire taire le processus mental par lequel on pense sans arrêt en se parlant à soi-même. Ceci se fait en développant sa spontanéité et en arrivant un jour à adhérer totalement à l'instant. Pour cela il faut annihiler l'intelligence en lui prouvant qu'elle ne peut saisir la Réalité Ultime. Pour désarçonner l'esprit en le déroutant on utilise des paradoxes, des contradictions, des questions absurdes ou des systèmes non-logiques (Koan). On peut aussi méditer assis face au centre du dojo (temple), mais cela n'est pas essentiel, il suffit de prendre pleinement conscience de tout ce que l'on fait, en le faisant. Le secret du zen est dans ce koan « Quand je marche, je marche, quand je mange, je mange, quand je dors, je dors ». Alors se produit soudain comme par une déchirure le Satori qui est la forme japonaise de l'illumination indienne ou samadhi.

B. Le soto-zen

Le soto-zen fut introduit au Japon en 1227 par le moine Dogen de retour de Chine. Il centre tout sur la posture corporelle assise, appelée Zazen. La posture d'éveil est le satori, la pratique du Zazen est le secret du zen. Zen vient de zenna, corruption de Dhyana qui signifie méditation dans le yoga. Il suffit de s'asseoir simplement les yeux mi-clos face au mur. Mais il faut le faire mushotoku, gratuitement, sans but et sans esprit de profit. Il faut renoncer à avoir le satori pour l'obtenir en faisant simplement la posture pour elle-même de manière désintéressée. C'est donc une forme particulièrement épurée du bouddhisme qui réduit tout à la posture de méditation. Elle donne donc la plus grande importance à une technique corporelle, manifestant avec acuité comment la méditation est l'union absolue du corps et de l'esprit.

Cette unique posture a été étudiée minutieusement avec la plus grande précision, comme dans un laboratoire. D'abord, en entrant dans le temple, il convient de se prosterner devant le Bouddha (ou au moins de s'incliner en le saluant). La posture peut être le lotus jambes croisées ou le demi-lotus un pied sur l'autre genou. L'important est que les genoux pressent le sol et que le dos pour être bien droit ait les reins basculés vers l'avant (le bassin en antéversion). Pour cela on s'assoie sur un coussin (zafu) et l'on se balance sept ou huit fois pour sentir la verticalité et bien se centrer. Les épaules sont tirées vers l'arrière et la nuque étirée, le menton rentré et le nez à la verticale du nombril. Les yeux sont mi-clos, le regard posé et non fixé voit tout sans rien regarder. La pointe de la langue touche le palais. Le dos de la main gauche repose sur la paume de la droite, le bout de chaque pouce se touchant, ce qui est le critère de la vigilance.

On a beaucoup dit qu'après il suffisait de ne penser à rien, ce qui est faux. D'abord penser au vide, c'est penser, et penser à quelque chose, alors qu'il s'agit de s'arrêter de penser pour atteindre l'autre versant de l'esprit. En fait il n'y a pas de méditation sans posture de méditation, mais la posture ne suffit pas pour méditer, sinon comme l'ont répété tous les maîtres zen, toutes les grenouilles feraient du zen. Il y a bien des étapes dans l'apprentissage du Zazen, elles varient d'ailleurs selon l'enseignement des maîtres. En général, pendant une première période on se concentre sur la posture et cela peut durer des mois. L'esprit tourne dans le corps pour rectifier les genoux, le ventre, le dos, les épaules et le port de la tête. Puis tout en obtenant une posture correcte, il convient de se détendre au maximum, car un dos trop tendu est signe de la volonté de l'égo. Ceci étant obtenu on ajoute une respiration correcte. L'expir dure trois fois plus longtemps que l'inspir et à la fin l'on pousse sur les intestins en maintenant une légère tension en dessous du nombril. L'inspiration est automatique et se fait d'elle-même. Puis, vient la remontée des éléments de l'inconscient et l'on passe par des phases successives qui peuvent durer des mois où l'on vit de l'agressivité, de la colère, de la tristesse, du désespoir, de la rancœur envers ceux qui vous ont fait mal, etc. La règle du Zazen est de regarder cela avec clairvoyance et détachement, comme l'on contemplerait des nuages qui défilent dans le ciel poussés par un vent d'orage. Ce n'est qu'après cette purgation que le calme peut s'établir. Alors arrivent des périodes d'absorption de plus en plus profondes. Mais il ne faut pas confondre ce calme avec le sommeil ou la somnolence. Pour se garder éveillé il y a l'aide du kyosaku, un bâton aplati dont on reçoit un coup sur le muscle qui joint l'épaule au cou, quand on le demande ou quand le surveillant voit que l'on s'affaisse ou que l'on a l'esprit distrait.

Par le lien étroit qui existe entre le corps et l'esprit, cette posture scientifiquement élaborée permet d'atteindre l'au-delà de la pensée. C'est hishiryo, l'inconscient profond ; il se manifeste lorsque les remontées du karma sont épuisées et que l'on réalise l'esprit pur. La meilleure concentration se trouve dans la douleur et c'est en plongeant dans la souffrance qu'on lui échappe. Lorsque notre esprit est calme, tout est calme en nous et autour de nous. Le soleil de midi ne fait pas d'ombre. Alors nous sommes Un. Uni à l'intérieur, nous pouvons nous unir au Ki, la force de l'univers.

D'autres techniques corporelles viennent aider cette réalisation. Il y a la vibration du gong, la récitation des sutras et le chant de l'Hannya Shingyo. Durant une session, lorsqu'on est las de la posture assise, on se délasse par kin-hin, la marche consciente. Bien droit, le pouce gauche est dans le poing gauche qui est dans la main droite, le tout bien appuyé sur le bas du sternum. On avance lentement d'un demi-pied en appuyant consciemment la racine du gros orteil au sol et en expirant par le nez. Le regard est fixé sur la taille de celui de devant et l'on fait ainsi plusieurs tours de la pièce. La même prise de conscience est apportée à tout ce que l'on fait, nettoyer le temple, faire les lits, préparer la nourriture, la manger, se laver, etc. Est essentielle pour l'obtention du satori la relation maître-disciple. L'éveil est en général donné ou provoqué par le maître. C'est une transmission « de mon esprit à ton esprit » par un passage d'un corps à un autre corps.

Il faut accepter la souffrance ; lorsque l'on fait Zazen on entre dans son cercueil. Il faut dépasser la peur de la mort. Le satori, c'est ce qui est au-delà de la mort. Être éveillé c'est renoncer à tout pour s'harmoniser avec le cosmos. Le silence est notre nature profonde. Il faut découvrir qu'un autre n'est pas moi et que tout est vacuité, car la forme est le vide et le vide n'est autre que la forme. Alors on s'unit à sa nature profonde et l'on contemple son visage originel (celui que l'on avait avant que naissent nos parents).

Cette expérience zen de l'au-delà de la pensée peut être obtenue par bien d'autres techniques corporelles. Ainsi sont devenues célèbres la voie de la calligraphie (ou du dessin, car l'on peint les caractères japonais avec un pinceau et de l'encre de Chine) ou celle du sumiyé le dessin zen. Il y a aussi la voie des fleurs, l'ikebana, l'art de composer avec spontanéité des bouquets selon des règles très précises. L'art du thé (tcha-do) est devenu aussi une cérémonie rituelle, qui peut mener à l'éveil. Dans tous les cas il faut renoncer à prévoir, à vouloir, à penser à l'avance ce que l'on va faire et ce qui va arriver. Il faut se vider de l'égo et de toute pensée, alors on se laisse envahir par l'Énergie universelle de la nature qui, elle, agit à notre place dans notre corps. Et ce corps n'est plus le nôtre, il s'est joint à l'harmonie universelle.

Le zen s'est aussi beaucoup développé chez les guerriers, les samouraïs et il porte leur marque. Toutes les techniques de combat sont devenues des voies spirituelles. Le Budo, les arts martiaux comprennent le sumo (lutte), le judo, le jiu-jitsu, l'aïkido, la karaté, le kendo (sabre), le tanto (poignard), le nunchaku (fléau), le tambo (bâton), tessen (l'éventail d'attaque), etc. Herrigel a détaillé comment tout le zen pouvait se trouver dans l'art chevaleresque du tir à l'arc (Kyu-do). La cible c'est son cœur et son égo et par la puissance de l'esprit on peut toucher son centre dans l'obscurité ou les yeux fermés.

Dans tous les cas il s'agit de se vider l'esprit, de renoncer à son égo et de se laisser envahir par la force cosmique qui agit à votre place. Dans cette orientation on a même pu décrire un tennis-zen qui s'établit lorsqu'on a trouvé la liberté. Et tout ceci ne peut attendre, c'est à atteindre ici et maintenant, de suite, à cet instant. Quand rien n'est plus important, alors la liberté naît à l'intérieur. Si tu veux être heureux, alors sois-le.

L'expérience zen étant inexprimable, les dix tableaux du dressage de la vache ont tenté d'en fournir une figuration, et l'on peut les comparer au dressage du cheval dans le taoïsme et à celui du buffle dans le T'chan chinois.

Le buffle représente le double caractère sauvage et divin de l'esprit et du corps de l'homme. On commence par la recherche de son propre esprit en tant qu'activité créatrice. Il est inconnu, car il se perd dans ses productions et leurs objets : sensations, idées, raisonnements... Absorbé par les activités de la vie et du monde, l'homme est mené par ses désirs, passions et complexes inconscients. En se coupant des sensations par la « méditation », on finit par apercevoir les traces du buffle, c'est-à-dire de l'esprit actif. Une fois qu'on l'a rencontré, on découvre la partie sauvage et bestiale de l'homme. Il va falloir désormais, domestiquer ce buffle. Et, par la maîtrise des passions et la réforme de vie, il devient docile. Sa force négative étant retournée en puissance positive, on s'en fait alors un allié très sûr. Ceci est symbolisé par le fait que l'homme peut monter sur le buffle et se faire porter par lui : alors il retourne dans sa demeure. L'homme se détourne du monde pour rentrer en lui-même : il découvre sa vie intérieure qui s'amplifie. Puis, il passe de la concentration difficile au recueillement ou méditation aisée, qui finit par mener à l'absorption. Alors le buffle a disparu et l'homme se retrouve seul face à l'univers. L'absorption augmentant, il finit un jour par oublier de penser à lui-même. L'égo étant dissous, il entre dans le vide de la pensée et dans la vacuité qui est la nature essentielle de la réalité (bouddhéité ou nirvana). Après, selon la voie subitiste, il ne reste plus qu'à retourner parmi les Hommes, pour les aider à faire de même en retrouvant leur vraie nature.

C. Le bouddhisme ésotérique du Shingon

Le Shingon est le bouddhisme ésotérique du Japon. Son fondateur Kukaï (774-835) alla en Chine et reçut les enseignements secrets de Keïka-Ajari, le septième patriarche, en mai 805, avec la céréonie du Kanjô, où le disciple doit découvrir, les yeux bandés, le Bouddha avec lequel il a le plus d'affinité. Le Shingon est lié au Bouddha Kokouzo, représenté par l'étoile de Vénus à l'aube. Kukaï, qui méditait dans une grotte du Sud de son île natale, le vit un matin descendre dans sa bouche pour lui donner l'illumination.

Le Shingon peut être considéré comme le Vajrayana du Japon. Il utilise certaines techniques corporelles du lamaïsme tibétain, qu'il nomme ascèse des trois mystères. Il se sert toujours des mudras (gestes des mains des Bouddhas) pour s'incorporer les qualités symbolisées. Il utilise aussi de nombreux mantras (appelés en japonais Shingon) : ce sont des formules ou invocations, qu'il faut répéter un million de fois pour les installer en soi (20 000 fois par jour pendant la retraite de cinquante jours dans le jeûne et le silence). Enfin, il accomplit la concentration Sanmaï pour réaiser le cœur du Bouddha et sa compassion infinie envers tous les êtres vivants. Grâce à ces trois pratiques corporelles, il affirme qu'il est possible d'atteindre à l'Illumination en une seule vie. En 813, l'empereur du Japon Saga réalisa une confrontation des huit grands maîtres des principales écoles du bouddhisme japonais. Les autres grands maîtres ne pouvant pas admettre qu'il est possible de réaliser l'état de Bouddha dans cette vie, Kukaï fit les mudras, récita les shingons et médita sur le Bouddha Grand Soleil. Son corps se transfigura en lumière et prit l'apparence du Bouddha. Et les autres grands maîtres se mirent à le prier.

Ceci est un événement exceptionnel, car aucun maître zen ne fait de miracle. Bien d'autres éléments différencient Zen et Shingon. Selon des influences tantriques (mais non-sexuelles), le Shingon utilise aussi des mandalas, qui sont des dessins centrés exprimant la symphonie de l'univers et des Bouddhas. Ce sont à la fois des archétypes complets de ce monde et des cartes d'anatomie spirituelle à l'usage des méditants, chaque élément correspondant à des états de méditation à réaliser. Considérant que l'univers est l'expression du Bouddha, le Shingon fait beaucoup d'usage de la beauté : chant, musique, cérémonies, costumes, odeurs... Mais il comprend aussi de nombreuses ascèses corporelles : rester nu sous une chute d'eau glacée, nourrir le feu sacré avec huit mille morceaux de bois représentant chacun une des passions de l'homme, ce qui demande plus de douze heures de récitations et de prières... Les ascètes des montagnes (Shugendos) réalisent de plus des marches sur le feu, dans une optique de purification intérieure.

D. Le hara

Tous les arts martiaux japonais insistent sur la nécessité d'une centration dans le ventre (Hara en japonais) et plus précisément dans le Tanden qui est le centre de gravité et de force, situé à une largeur de main en dessous du nombril. Karlfried Graf Dürckheim a étudié le tir à l'arc et le zen pendant huit ans au Japon. En rentrant en Europe vers 1950 il a trouvé que les Européens étaient tendus vers le haut, ce qui leur donnait un air raide et orgueilleux. Si l'homme met son moi et son centre dans le cerveau, il est naturellement déséquilibré. Il a donc mis au point une série d'exercices pour faire acquérir l'attitude droite, stable et recueillie, l'assise, la souplesse, le calme et la présence des maîtres japonais. Le rattachement à la terre, l'enracinement mettent en communication avec la force (Ki) universelle, qui permet de réaliser des exploits.

L'attitude de départ est debout, les jambes écartées, le regard à l'infini, bien droit, la tête ramenée en arrière. En corrigeant les défauts, on arrive à l'attitude de base : quelqu'un de droit, libre, manifestant la lumière, ancré en lui-même et relié au monde. Puis l'on passe à l'attitude juste par le lâcher-prise, l'assise et l'acceptation juste du bas-ventre. Pour le lâcher-prise, au début de l'expiration on relâche les épaules, sans les pousser vers le bas et on se laisse glisser dans l'expiration, sans s'affaisser. À la fin de l'expiration, on s'assied dans son bassin. Enfin, on libère le bas-ventre de toute tension pour y mettre un peu de force, sans le pousser, avec le sentiment de s'enraciner sur un socle large. On sent alors une force monter dans le dos. On réussit d'autant plus vite que l'on ne prend pas cela pour une simple recette de gymnastique, mais pour une attitude juste, incluant une transformation profonde de la personne dans son rapport au moi et au monde.

La même attitude peut être trouvée assis. On oscille légèrement au rythme de sa respiration pour se centrer. Celui qui a trouvé le point central ressent une vie étrange et l'expérience du bonheur sort de cette vie vibrante.

Dans les deux cas on s'unit à sa respiration. D'abord, on observe longuement sa respiration sans la troubler. Dès que l'on est dans son centre, l'expir devient plus long que l'inspir : le don de soi (Yin) est plus important que l'affirmation de soi (Yang). Découvrir que quelque chose en moi respire tout seul est une expérience impressionnante. Dès que l'homme s'est libéré de l'emprise peureuse du moi, il s'ouvre au Grand Souffle, au mouvement fondamental de la vie, au rythme vital et spirituel. Alors, il se met au service de la Transcendance, en s'éveillant à son être essentiel. Le temps et l'espace s'arrêtent et ce qui était vécu comme un Vide effrayant par le moi, s'emplit d'une Présence, qui se révèle derrière la respiration.

De multiples exercices de sensibilisation ont été mis au point : se rouler nu dans les feuilles mortes, marcher en repoussant un bâton que quelqu'un tient contre votre bas-ventre, osciller selon une spirale pour trouver son centre... Mais l'essentiel est dans ce dont ils sont le support. « Hara, signifie transparence. Le Hara signifie l'union toujours renouvelée avec la dimension transcendantale de la vie originelle dans laquelle les oppositions disparaissent pour faire place à une unité nouvelle ». Cette Voie, qui conduit à la réalisation du Soi, repose sur la Transcendance perçue à travers l'expérience. La rencontre de son être profond vient de la disponibilité à se laisser pénétrer par l'Être.

Voici comment Dürckeim décrit dans *Pratique de l'expérience spirituelle* l'expérience qu'il vécut :

Et cela survint. « En entendant le onzième aphorisme, je fus frappé d'un éclair. Le voile se déchira : j'étais éveillé. J'avais éprouvé *cela*. Tout le reste était et cependant n'était pas, était ce monde et en même temps transparent à un autre. Moi-même aussi j'étais et à la fois n'étais pas. J'étais comblé, captivé. De l'autre côté et en même temps tout à fait présent. Heureux et comme vide de sentiments, très loin et pourtant profondément dans les choses. J'avais éprouvé cela, net comme un coup de tonnerre, clair comme un jour de soleil, cela, qui était totalement incompréhensible. Le vie continuait , la vie d'avant, et pourtant ce n'était pas la même. Il y avait l'attente douloureuse de davantage "d'Être", une promesse profondément ressentie. Et en même temps des forces croissant à l'infini et l'aspiration vers un engagement — à quoi ? »

CHAPITRE VII

LE TAOÏSME

A. Le Taô, le Yin et le Yang

Les techniques corporelles de la méditation dans le taoïsme sont mélangées avec celles du bouddhisme, un peu de confucianisme, mais aussi avec beaucoup de magie, d'alchimie et d'astrologie. Ce qui est authentiquement taoïste est la conviction que le monde provient d'une réalité indescriptible et nommée Taô ou Voie. Pour se manifester, elle s'est séparée en deux énergies : le Yang est actif, mâle, chaud, externe, réunion, mouvement et plein ; le Yin est passif, femelle, froid, interne, dispersion, immobile et vide. Mais elles ne sont jamais totalement séparées et il y a toujours un peu de yin dans le yang et de yang dans le yin. Leur union reforme la Complétude au Taô. De même dans le corps humain debout tout ce qui est éclairé par le soleil de midi est Yang et empreint de cette énergie qui tombe de la voûte céleste, tout ce qui est à l'ombre est Yin et imbibé de l'énergie tellurique qui monte de la terre. Si l'on rapproche dans des trigrammes le yang plein et le yin vide, avec ses soixante-quatre combinaisons on peut rendre compte du monde. Pour les Chinois il ne s'agit donc pas de s'unir au divin par une expérience extatique, mais en unissant les énergies yin et yang de retrouver le Taô, en agissant par le non-agir. Par conséquent, il faut se rendre sensible à l'énergie. Et divers exercices corporels le permettent. L'énergie circule dans le corps et en fait le tour en vingt-quatre heures, elle émerge à l'extérieur par des points d'énergie dans la peau, et ces points sont reliés par des courants ou méridiens (tels qu'ils sont utilisés par l'acupuncture).

Il s'agit donc d'unifier l'énergie corporelle et de l'unir à l'énergie de la nature et cosmique. Ce jeu avec l'énergie est sensible pour les Chinois dans des séries de mouvements lents. Historiquement, une première gymnastique taoïste apparaît dès le VIe siècle avant notre ère, sous le nom de nei-kong. Au second siècle après notre ère, Houato y ajoute les cinq attitudes de combat des cinq animaux mythiques, et les met en liaison avec les cinq éléments. L'ensemble constitue un tableau fort complexe de correspondances qui permet d'unir à la nature, les organes, le corps et l'esprit.

Grue	*Ours*	*Tigre*	*Cerf*	*Singe*
eau	bois	feu	terre	métal
nord	est	sud	centre	ouest
hiver	printemps	été	fin de l'été	automne
noir	vert	rouge	jaune	bleu
os	muscle	sang	chair	peau
rein	foie	cœur	rate	poumons
peur	colère	joie	sagesse	tristesse

Ceci s'entremêle avec le bouddhisme chinois : en 521 Boddhidharma fonde l'école Tch'an de la méditation et crée le Kung-fu pour développer l'énergie des moines, les tenir éveillés et leur permettre de se défendre des brigands en ces périodes troubles. Ce qui est authentiquement taoïste est le Tai-chi-Tchuan ou la gymnastique-boxe du grand faîte. Elle se diversifie en Tao-Ying ou gymnastique de l'âge honorable, après soixante ans, Nei-Chia boxe interne, boxe de l'ombre ou technique du Haut Faîte, Wei-Chia boxe externe centrée sur l'équilibre et l'énergie, Ki-kong, le travail du souffle, Pa-Koua-Chuan la boxe des huit trigrammes, Tchang-Tchuan la longue boxe, Wu-su le combat dansé avec lance, épée, sabre...

La répartition de l'énergie est faite par Taô-Yin la technique des massages ou le Do-In, l'auto-massage par pression ou percussion sur tout le corps. L'énergie interne est réglée par le Kei-Kong. Il comprend douze exercices respiratoires, en position assise avec rétentions respiratoires, et concentrations mentales. D'autres exercices sont là pour faire circuler l'énergie et permettre de jeûner pendant longtemps en se nourrissant d'énergie. Le captage de l'énergie externe est fait par le Taï-chi. Il comprend treize postures de base, les huit trigrammes du Pa-Koua, les mouvements zoomorphes, les cinq combinaisons selon les cinq éléments, soixante et un mouvements de self-défense ; l'ensemble donne quatre cents mouvements de base. Il faut trouver son centre, avoir la vacuité de la pensée (Wuwei), être en respiration abdominale et produire des mouvements circulaires, car le vivant est courbe, et issus du centre, donc tout part du bassin. Lorsque les deux énergies se croisent en lui, l'homme devient le pilier du ciel, il est celui qui unit le Ciel à la Terre. C'est tout ce travail corporel symbolique qui permet de ne faire qu'un avec l'énergie, ce qui correspond à l'expérience extatique.

Les Chinois ne sont ni religieux ni mystiques, mais empiristes et pragmatiques. Aussi ont-ils développés les techniques sexuelles pour atteindre à l'extase. La forme la plus nette de l'énergie est celle de la sexualité. Au lieu de la perdre dans la décharge de l'orgasme, il est possible de la faire remonter jusqu'au cerveau, alors se produisent les phénomènes mystiques. Le plus simple serait donc de rester dans la chasteté et la continence. Mais les Chinois pensent que la femme est une réserve inépuisable d'énergie : il n'est donc pas suffisant de conserver la sienne, il convient en plus de se recharger de celle de la femme, surtout pour les hommes âgés. Pour cela il vaut mieux utiliser de jeunes maîtresses : des techniques corporelles détaillées permettent à l'homme de ne jamais se décharger par l'orgasme, et de prendre l'énergie de chaque orgasme de la femme. Là aussi, les différentes positions ont un symbolisme animal (le vol de papillons, l'attaque du tigre blanc...). Elles sont regroupées par catégories et doivent être prises dans un certain ordre, en suivant toujours la règle essentielle « un temps de yang, un temps de yin, voilà le Taô ». Elles se lient à l'alchimie de la longue vie et en portent les noms lorsqu'il s'agit de mettre la flûte de jade dans le champ de cinabre (de couleurs rouge) ou de boire à la fontaine de jade.

B. Le secret de la Fleur d'Or

Ce qui est caractéristique du taoïsme et ne se retrouve nulle part ailleurs, c'est la conviction qu'après l'extase il est possible de spiritualiser complètement son corps. Il s'agit de se donner un corps d'énergie ou de lumière qui ne meurt pas. Ceci est le secret ténébreux pour ne plus être submergé par la poussière de la vie. Il est exposé dans le *Secret de la Fleur d'Or,* livre remontant au VIIIe siècle, traduit par Richard Wilhelm en 1928 et que Jung commenta en 1929. Les textes, les gloses et commentaires et même les feuillets ont été mélangés et, tel quel, le texte est incompréhensible, sauf si on a déjà la pratique de ces états, alors l'ordre peut être rétabli. Voici comment nous le comprenons. Pour provoquer la révolution de la lumière, il faut méditer tous les matins pendant une heure ou deux et en trois mois le succès est assuré. On s'assoie le dos bien droit, on imprime un rythme à la respiration et l'on fixe le cœur sur le centre et les pensées sur l'espace intermédiaire entre les deux yeux, alors la lumière rayonne d'elle-même à l'intérieur. On retourne la langue contre le palais jusqu'à ce que le corps soit comme du bois sec (c'est-à-dire immobile). La méthode rétrograde est le retournement du regard à l'intérieur et le renversement de l'énergie des reins que l'on fait remonter jusque dans la chambre des ancêtres (le cerveau). Mais tout ceci n'est efficace que si on le fait de manière détendue et détachée, alors on agit par le non-agir (wou wei wou) ce qui est le secret du Taô. La formule magique pour le grand voyage est d'atteindre le Centre, qui est vide.

Le mérite de cette méthode est de donner pour chaque étape des signes de confirmation et les possibilités d'erreurs. Il faut bien sentir l'énergie chaude remonter du plexus solaire et non tomber dans les démons ténébreux de l'imagination. Il ne faut rien forcer et s'arrêter lorsqu'on n'arrive plus à se concentrer. C'est lorsqu'on ne cherche plus le succès, que le succès arrive de lui-même. La première étape est le rassemblement de la lumière avec l'aide de la respiration selon les intervalles et les rythmes. Puis on met en rotation la lumière en la tirant par la pensée le long de la colonne vertébrale puis en la laissant redescendre sur le devant du corps. Ainsi s'installe d'elle-même une roue ou noria de lumière, liée au souffle. Alors la fleur du lotus d'or qui est au sommet du crâne (sur la fontanelle) va se créer. Lorsqu'on ressent dans la méditation un sentiment de grande joie, c'est que le bouton est en train de se former. Puis viennent les expériences lumineuses (au sixième mois on voit soudain voler la neige blanche. Les sens apaisés, la lune argentée se tient au milieu du ciel. La Grande Terre est un monde de lumière. Au centre se tient la région immortelle de la Perle éclatante. À la troisième veille on voit le disque du soleil lancer des rayons aveuglants) alors la Fleur d'or s'ouvre au sommet de la tête. À la troisième étape la Fleur d'or s'est cristallisée lorsque l'or jaune emplit la maison, le sang rouge se transforme en lait, le souffle vivant vivifie les choses pourries, le fragile corps de chair est de l'or pur. La dernière étape est celle des visions et de la réalisation : le soleil plonge dans les grandes eaux et les images magiques apparaissent, l'Univers apparaît de glace et les dieux au-dessus.

Alors vient la production de la nouvelle naissance dans l'espace de l'énergie. Il reste à appliquer la méthode de fusion pour réussir la préparation de la pilule d'or. Lorsque la rotation de la lumière est aisée c'est le moment opportun. Si l'on n'a pas assez d'énergie ou si elle est trop tendue ou trop faible la pilule d'or ne se forme pas. Si l'on attend trop, elle devient trop vieille et trop rigide et la pilule d'or se fait avec difficulté. C'est seulement après un travail consécutif de cent jours que la lumière est pure, alors on voit apparaître l'embryon du Taô sous forme d'un point lumineux au milieu de la lumière. Lorsqu'un Quelque chose sort du Rien, on peut se livrer au travail avec le feu spirituel. C'est l'énergie respiratoire spirituelle du moi, lorsque l'énergie est assez forte et que l'embryon est rond et complet, il sort par le sommet de la tête. La naissance du fruit se fait en utilisant le feu spirituel comme instrument d'action, la terre des pensées comme substance et l'eau séminale comme fondement. Lorsque le souffle vital se met en mouvement la bulle germinale naît. Elle nous a engendré, c'est notre forme d'incarnation et l'on voit alors son visage originel que l'on avait avant de naître. Si cette bulle n'a pas été reformée, consolidée et recentrée à la mort elle se déchire et l'homme tombe en poussant un cri, nature et vie restent séparées. Au contraire, si l'on a pu faire monter la lumière de l'esprit dans la maison du créateur alors on voit la cime, en voyageant on mange l'énergie de l'esprit du réceptif. L'esprit lumineux brille au-dessus du lotus précieux aux mille pétales. C'est la séparation du corps spirituel en vue d'une existence indépendante.

Il reste à découvrir que si le vide débouche sur a manifestation, la manifestation, elle, débouche sur le vide. On ne doit pas prendre pour réel tout ce qui a été produit et les visions et apparitions doivent être réalisées comme de simples projections de la conscience. Tout doit être ramené au vide et l'on doit s'unir au Vide Originel. Le secret le plus profond du secret est « le Pays qui n'est nulle part, voilà la vraie demeure ». Alors tout s'unit dans l'Un. Un halo de lumière entoure le monde de l'esprit, le monde s'évanouit et l'on s'oublie mutuellement. L'on a rejoint la source de l'Être, sans commencement, sans fin, sans passé, sans avenir.

C. Les exercices secrets des moines taoïstes

Tous ces anciens secrets de la Fleur d'Or peuvent être compris grâce à la perpétuation de la tradition et se retrouvent, par exemple, dans l'enseignement de Mantak Chia. L'énergie vitale, ou Ki, est tirée des cinq organes (reins, foie, cœur, rate, poumons) et des centres d'énergie (périnée, chaudron ou hara, nombril, troisième œil) pour former une Perle d'énergie et de lumière, comme une étoile brillante. Puis de la Porte de la Vie (périnée) on la fait entrer dans le coccyx pour qu'elle monte jusqu'au sommet de la tête au Point couronne. Et l'équivalent de la Pilule d'Or de l'immortalité se retrouve ensuite avec la construction du corps énergétique et du corps spirituel avec les enfants vierges.

L'erreur des Occidentaux serait de ne voir dans ce travail que de purs exercices mentaux de visualisation, alors qu'il s'agit essentiellement de sentir l'énergie corporelle. Et le corps est constamment mobilisé. On commence par le Sourire Intérieur que l'on envoie avec joie et amour comme un rayon de soleil successivement à tous les organes et parties du corps pour se connecter et se réconcilier avec l'ensemble. Le secret de la production de l'énergie se trouve dans la contaction des muscles du périnée grâce aux releveurs de l'anus. Divers autres exercices utilisent la pression de la langue sur le palais, l'avalage de la salive, la rotation des yeux ou la convergence oculaire haute, des respirations rythmées, des serrements de dents, l'appui du menton vers l'arrière et l'étirement des vertèbres cervicales, etc.

On les retrouve dans l'entraînement régulier des moines taoïstes, selon Kim Tawm. Et comme ils peuvent être bénéfiques pour tous, il en expose les douze premiers parmi sept cents, plus les cent huit du Trae-Tsi-Chuan. Claquer les mâchoires, tourner la langue et avaler la salive, faire la toilette à sec de la tête par massage, battre le tambour des doigts sur l'occiput, massage des cervicales, rotation du tronc céleste, tendre la jambe avec la main comme un arc, massage des reins, du nombril, de la plante des pieds et de la colonne vertébrale. Pour soutenir les jeûnes alimentaires on pratique la rotation de la perle de lumière, ainsi que le balancement lent des bras en se cramponnant des pieds au sol pour incorporer l'énergie Yin. Puis viennent vingt-quatre exercices à faire chacun pendant la période propice de quinze jours dans l'année. Les trois exercices secrets pour dissiper la tristesse et accumuler l'énergie sont de refermer les quatre doigts sur les pouces, d'inspirer longuement en gonflant le ventre et en se concentrant sur le Tan-Tien (au centre du ventre six centimètres en dessous du nombril) en prononçant mentalement le son Om.

Ainsi le taoïsme consiste dans une accumulation d'énergie dans l'orbite microcosmique pour pouvoir l'extérioriser et s'identifier après à ce corps d'énergie plus qu'au corps matériel. Mais reconnaissons qu'il reste très discret sur l'extase que ne doit pas manquer de provoquer des exercices psychocorporels proches de ceux du yoga, du bouddhisme et du tantrisme.

CHAPITRE VIII

LE SOUFISME

A. Les mystiques de l'islam

Il n'est pas facile de parler en général de cet immense mouvement de mystique musulmane qui comprend des centaines de communautés (tarîqah) qui se renouvellent depuis le VIIe siècle jusqu'à aujourd'hui et de l'Espagne jusqu'à l'Indonésie. Le sufi est le mystique qui porte une bure de laine blanche (sûf, la laine ; safâ, la pureté ; sfad, la sagesse). Les disciples (murids) s'assemblent autour d'un maître (Shaykh) ou d'un prêtre (Pir) avec parfois un instructeur spirituel (Murschid). Mais ils vivent cachés dans le milieu populaire, hors des autorités religieuses et civiles, chacun pratiquant un petit métier souvent d'artisan ou de commerçant. Ils ont subi des influences grecques (des philosophes et de la gnôse), persannes (le zoroastrisme et l'angéologie), chrétiennes (la grâce, Marie, le Saint-Esprit), indiennes (le yoga), juives (les prophètes) et kabyles (les marabouts), etc. Les sufis les plus célèbres en Occident sont Hallâj (858-922), l'amour crucifié, Avicenne (980-1037) le philosophe mystique, Sohrawardi (1155-1191) l'archange empourpré, Ibn Arabi (1165-1240) le très grand maître, Rumi (1207-1273) le poète de l'amour mystique. Il subsiste plus d'une trentaine d'ordres avec des pratiques différentes. C'est dans le soufisme qu'il convient le mieux de parler d'extase, avec tout le côté affectif de cette expérience. De nombreuses techniques corporelles sont utilisées pour la provoquer ou la rendre manifeste. Il y a deux sortes d'extase : *sukr*, l'ivresse spirituelle où, abîmé dans la connaissance du divin, le mystique perd le sens commun et la maîtrise de soi car, perdu en Dieu il n'a plus conscience des phénomènes, et *Sahw*, la sobriété où Dieu se révèle en tant que Créateur et que Création, la beauté de l'essence divine se manifeste dans son attribut extérieur.

B. Les techniques corporelles

L'extase peut être rendue manifeste par *zawiyah*, la danse sacrée, comme dans la Hadhra des Aïssaoua d'Algérie. Ce sont les jeux du sabre (se coller sur un sabre horizontal qui ne coupe pas) du fer (transpersion par une aiguille d'acier qui n'est ressentie que comme une piqûre d'abeille) des animaux (maniement des serpents, manducation des scorpions ou de cactus ou de verre) du feu (marche dans les braises, jongler avec, lécher rythmiquement la bala, la pelle portée au rouge), etc.

D'autres ordres, comme les Chichti des Indes, n'utilisent que samâ, la musique sacrée, dans des concerts spirituels où la flûte de roseau développe des arabesques sur un fond de tambours (draff ou bendaïr).

La danse sacrée des derviches tourneurs de Konya, fondée en 1247 par Rûmi Djalal ud-Din, est une ascèse avant de devenir un spectacle. Cette technique corporelle est complexe et comporte plusieurs dimensions. Les soufis tournent lentement le plus longtemps possible, selon une méthode précise après un apprentissage et un entraînement. Les bras sont en croix, la tête inclinée du côté droit, la paume droite levée vers le ciel pour capter les énergies célestes et la paume gauche tournée vers la terre pour rendre et diffuser ces énergies. Ils peuvent être au nombre de sept ou de neuf tournant sur eux-mêmes et en cercle autour d'un personnage central fixe ne tournant que sur lui-même. Ils représentent alors les planètes tournant autour du soleil, et l'exercice permet d'entendre l'harmonie des sphères dont on parle depuis Pythagore. Un autre aspect psychologique vient de ce qu'ils s'arrêtent net à un signal du Hadi, guide, le bout du pied droit sur l'orteil gauche, regardant le bout de leur nez, les deux avant-bras croisés sur la poitrine, ou un doigt dressé. Alors fonctionne le mécanisme psycho-physiologique qui fait qu'après avoir tellement tourné et s'être immobilisé, le spectacle du monde autour de soi se met à tourner. À ce moment par un effort de la conscience et de la volonté, on cesse de croire à la réalité de la matière et l'on perd l'illusion cosmique. Ce que l'on considère comme la conviction de la réalité perd de sa consistance, le monde n'est plus l'axe de référence et la sensation de la Présence divine prend sa place. Le monde n'est plus que le jeu de la Création divine. On a là une technique corporelle très précise pour perdre l'illusion que le monde matériel est le seul réel, ne plus le voir comme formé de matière solide, mais comme une simple image mouvante. Des expériences comparables ont été obtenues en psychologie par le port de lunettes à miroir qui font voir le monde à l'envers, ce qui provoque sa déréalisation.

Dans la confrérie Naqshabandi existent des séries de mouvements dissociés des membres, obligeant à une pluralité d'attentions, suivies d'immobilisations (Gurdjef les y a appris).

La grande technique corporelle du soufisme est le

dhikr ou zikhr (cercle en arabe ou en persan). On peut le considérer comme une incorporation de cette danse. Il s'agit de la constante répétition de la formule : Lâ ilâha ill-Allâh hou. Ce que nous traduisons par : « Il n'y a pas d'autre dieu qu'Allah » et qui signifie « Il n'y a pas de divinité, si ce n'est La Divinité » (Certaines lignées ne prononce pas la dernière syllabe : hou). Et cette prononciation est liée à tout un éveil des puissances secrètes du corps. Pendant que l'on prononce la première moitié Lâ ilâha, la tête s'incline sur l'épaule gauche puis descend en faisant un demi-cercle, puis remonte sur la droite, s'incline sur l'épaule droite et, après avoir terminé le cercle, reprend sa position de départ. Ceci correspond à la Crucifixion, celle de Jésus ou de Hallâj, par lequel le vieil Adam se crucifie devant Dieu, en se dépouillant. Puis pendant ill-Al, on laisse tomber la tête, le menton sur la poitrine. C'est l'agonie et la mort correspondant au moment où le Crucifié meurt en laissant tomber sa tête sur sa poitrine. Et pendant la-hou, on la redresse lentement, en revivant la Résurrection, pendant laquelle le Nouvel Adam purifié prend la place de l'ancien en soi.

À ceci s'ajoute l'évocation des centres subtils du corps, les lataïf (au singulier Latifâh). Il y en a cinq principaux : Al-Qualh, le cœur est jaune, voué à Adam et se trouve deux doigts sous le sein gauche. Ar-rûh, l'esprit, est rouge, voué à Noé et Abraham et se trouve deux doigts sous le sein droit. As-sirr, le secret, est blanc, voué à Moïse et se trouve deux doigts au-dessus du sein gauche. Al-Khafi, le caché, est noir, voué à Jésus, et se trouve deux doigts au-dessus du sein droit. Al-Akhfâ, le plus caché, est vert, voué à Muhammad et se situe au milieu de la poitrine. La liaison se fait ainsi. On inspire et retient son souffle en collant la langue au palais. On vocalise lâ en l'imaginant sous le nombril et on le monte par le centre de la poitrine (Al-Akhfâ, le plus caché) jusqu'au cerveau (ar-rats, le chef). Puis en vocalisant 'ilâha (= Dieu) on va du cerveau à l'épaule droite jusqu'à ar-rûh (l'esprit). Avec 'illâ- hâh (= si ce n'est Allah) on va de l'esprit au cœur (al-qualb) où avec Allah et la force du souffle retenu, on frappe le petit point noir du cœur (suwaîdû 'ul-qualb) pour en faire sortir la chaleur qui illumine le reste du corps, en brûlant ses parties corrompues. Puis pendant un nombre impair de secondes on prononce Muhammadun rasûlullah (Mohammed est l'envoyé d'Allah) en allant du cœur au-dessus du sein gauche. Alors se fait l'expiration du souffle. Si l'on recommence vingt-et-une fois, se produit l'évanouissement extatique, Ghaïbah puis l'ivresse extatique as-sukr, avec la stupéfaction al-haïrah et enfin l'état d'anéantissement, al-dam. La compréhension s'approfondit car al-mubtadi, le commençant, pense « Il n'y a pas d'adoré si ce n'est Allah. » Al-mutawassit, celui qui est au milieu de la Voie, pense « Il n'y a pas de visé, si ce n'est Allah ». Et al-muntahî, le finissant « Il n'y a pas d'existant, si ce n'est Allah ».

Ces diverses méthodes de zikhr peuvent être faites en cercle avec au centre le shaikh et plusieurs surveillants. Divers rythmes peuvent s'installer, s'accélérant puis s'éteignant. La formule peut être aussi chantée, selon diverses mélodies. Dans d'autres tarîqah ceci n'est fait que lors de la Khalwâ, la retraite spirituelle, où dans une cellule, il répète toute la journée cette formule en jeûnant et ne mangeant quelque peu qu'entre le coucher du soleil et son lever, et ceci pendant quarante jours.

C. La transmission par initiation

L'éveil des centres d'énergie corporels est réalisé par attouchement, lors de l'initiation par le shaikh ou le murchid. L'attache au directeur spirituel (râbitatu-l-murchid) se fait pendant une méditation où l'on est à genoux, assis sur ses talons le pied droit tourné vers l'intérieur et le gauche en travers ses orteils posés sur la plante du pied droit. On visualise alors l'image du maître et l'on voit le cœur du maître dont des gouttes tombent avec la baraka sur le sien. Ceci peut suffire à provoquer l'extase.

Sinon on fait l'attache au tombeau (râbitatu-l-qabr). Dans cette même posture on se visualise mort, lavé, habillé, mis dans le linceul, porté au tombeau et abandonné seul face au jugement. Et l'on prononce vingt-cinq fois l'istighfâr : Astaghferu-llâh, je demande pardon à Allah.

La litanie, wird, se combine avec la contemplation, shuhûd, et la méditation, fikr, dans le travail sur les Noms de Dieu. Ces Wassifah doivent être répétés corporellement. Il faut d'abord sortir de sa conscience personnelle, pour se voir objectivement de l'extérieur, puis entrer dans la conscience impersonnelle. Puis on visualise le prophète (Abraham, Gabriel, Moïse...) qui correspond à ce wassi-fah car il en a le mieux actualisé la nature : ya Khâf, la Force, ou ya Khoudous, la Vie... Après il faut se concentrer sur le son et passer du son à la vibration ; on arrive alors à saisir les harmoniques que l'on produit et on les localise dans une partie de la tête (crâne, nez, tympan, os du palais...). Avec des milliers de répétition, la descente du Nom divin se fait et le disciple participe à cette qualité qu'il intériorise. Il y a tout un itinéraire selon lequel le soufi progresse à travers ces noms, et il s'établit dans l'ordre inverse de la création. Car, les wassifah représentent le passage de l'Un au Multiple. D'abord, il n'y a que l'Un, puis surgit la Connaissance et avec elle l'Essence qui se détaille selon tous ces archétypes, alors la Volonté les mène dans l'existence phénoménale. Il y a quatre-vingts dix-neuf Noms divins ou archétypes ; ils se répartissent en Noms des Qualités divines (al-Karim, le Généreux, al-Hay, Celui qui vit...). Quand on a intériorisé les principales par cette méthode, on passe à la réalisation des Noms des Activités divines (al-Kharit, le Créateur...). Enfin, certains parviennent aux Noms de l'Essence (an-Nûr, la Lumière, al-Haqq, la Vérité, al-Ahad l'Un...) et par là s'identifient le plus étroitement à Dieu.

Sur ce chemin mystique se déclenche l'extase, dont bien des soufis ont donné des descriptions. Il s'agit d'un état d'expansion de conscience où le sujet s'unit à l'univers, s'enracine dans l'Être, se fond en Dieu et finit par n'être plus que conscience cosmique. Pour certains cela commence par des visions ou des voyages dans le Monde des Images suspendues (*'Alahm-al-Mithal*) comme pour Sohravardi dans son récit de l'exil occidental :

« ...Tandis que bouillonnait la fournaise [...] dans la forme conique [du cœur], je vis les corps célestes ; je me joignis à eux et je perçus leur musique et leurs mélodies. Je m'initiai à leur récital ; les sons en frappaient mon oreille à la façon du vrombissement produit par une chaîne que l'on aurait tirée le long d'un dur rocher. Mes muscles étaient sur le point de se déchirer, mes articulations sur le point de se rompre, tant était vif le plaisir que j'éprouvais. Et la chose n'a cessé de se répéter en moi jusqu'à ce que la blanche nuée finisse par se dissiper... ».

Pour d'autres il s'agit de l'Illumination comme dans ce texte de Nasafi :

« ...L'intérieur de cet Être unique est lumière. C'est cette lumière qui est l'âme du monde — le monde à ras bord est empli d'elle. C'est une lumière illimitée, infinie, un océan sans fond et sans rive. La vie, la connaissance, la volonté, et le pouvoir des êtres procèdent de cette lumière ; la vue, l'ouïe, la parole, la préhension et le devenir des êtres procèdent de cette lumière, que dis-je ! Tout ceci est cette lumière même.

Ayant appris que l'intérieur de cet être est une lumière, sache maintenant que l'extérieur est la niche de cette lumière, la manifestation des attributs de cette lumière. Toutes les monades qui existent sont d'emblée les manifestations des attributs de cette lumière.

Ô Derviche ! C'est à cette lumière qu'il faut parvenir ; c'est cette Lumière qu'il faut voir ; c'est par cette Lumière qu'il faut regarder le monde afin d'être délivré de l'idolâtrie, de la multiplicité et de l'égarement ; d'acquérir la certitude que l'être est Un.

...Ô Derviche ! Celui qui à cet océan a accédé, qui en lui s'est immergé, est reconnaissable à maints signes. Celui-là d'emblée est en paix avec les créatures : sur toutes il pose un regard aimant et miséricordieux, à aucune il ne refuse aide et assistance ; aucune d'elle, il ne l'accuse d'égarement et de fausse route. Il les voit toutes sur le chemin de Dieu, toutes dirigées vers Lui. »

Mais on ne prend pas d'assaut la citadelle de l'extase. Tous les maîtres insistent sur le fait qu'il n'y a pas d'extase provoquée hors d'une transmission initiatique. Il ne faut pas renverser l'ordre des choses. Ces manifestations corporelles sont en réalité celles qui sont déclenchées par l'expérience extatique. Par la suite, ceux qui avaient du mal à l'obtenir ont espéré la provoquer en commençant par la fin. C'est ainsi que le zikhr n'a véritablement de valeur que s'il est précédé par l'état intérieur correspondant. Sohravardi y insistait déjà dans son *Épitre sur l'état d'enfance* : « Le premier venu qui se met à danser ne rencontre pas pour autant l'extase. C'est la danse qui est le produit de l'état intérieur de l'âme, ce n'est pas l'état intérieur de l'âme qui est le produit de la danse ». Musique et danse sont des moyens d'expression de l'extase et pas des moyens d'acquisition. Et Henri Corbin revient sur cette erreur, car, écrit-il, les pseudo-mystiques foisonnent de nos jours et recourent à tous les moyens : « avec un effort conscient pour parvenir à un état extatique à des fins personnelles, on ne se livre à la contemplation que pour provoquer l'extase ; ce qui aurait dû être un effet second devient le but principal ».

Dans chaque lignée nous retrouvons donc ce même problème, dont nous aurons à débattre dans les problèmes de mystique comparée.

CHAPITRE IX

LE HASSIDISME

Dans toute la religion juive, il y a une technique corporelle qui accompagne toute prière, c'est un balancement avant-arrière de la tête et du buste. Ceci a pour but d'empêcher de s'endormir, mais aussi donner un rythme, en faisant participer le corps à la prière et engendre un léger vertige. Il s'agit d'une méthode corporelle d'auto-hypnotisme, qui modifie l'état de conscience.

A. La mystique juive

La principale école mystique juive est le hassidisme. Il apparaît dès 1150 en Allemagne du Sud et en Rhénanie et va influencer les communautés du Nord de la France et les kabbalistes espagnols. Des lignées de maîtres, capables de faire des miracles grâce à la gloire de Dieu (Kabod) et à la méditation sur les Noms divins, s'instituent. Puis le mouvement retrouve un second souffle vers 1750 en Ukraine. De nouvelles lignées de maîtres (Rebs) développent une dévotion populaire et corporelle. Face aux savants et érudits, ils réhabilitent la piété spontanée et joyeuse de l'ignare. Tous les actes de la vie quotidienne sont sanctifiés et mis au service de Dieu. L'exaltation et l'extase sont obtenues par les chants, et toute une musique populaire extra-liturgique voit le jour. La danse devient aussi une pratique sacrée permettant d'atteindre à l'extase. Il s'agit d'un retour à la plus ancienne tradition. Le roi David avait dansé devant l'Arche d'Alliance, vêtu de la seule mini-jupe des prêtres égyptiens (Shenti). Puis devant le scandale, cela avait été abandonné. Maintenant, la danse masculine religieuse autour du Zaddik (l'homme juste) sanctifie les impulsions naturelles.

B. Kabbalistes et Talmudistes

Mais il y a aussi des mystiques parmi les Kabbalistes et les Talmudistes. Dans cette tradition en plus de la veine biblique et juive il y a des influences gnostiques, soufis et même du yoga. En particulier, il y a eu des recherches sur l'Arbre de Vie. Au jardin d'Eden il y avait deux arbres, l'Arbre de la Connaissance du bien et du mal (ou de la Connaissance de la Lumière, Tov, et de la Non-Lumière, Vera) mais aussi l'Arbre de Vie. Cet arbre, qui donne la vie immortelle, est bien connu dans les religions du Moyen-Orient. Il a été assimilé à la colonne vertébrale et il y a un texte hébraïque qui dit que la Force de Vie gît endormie dans l'os du coccyx. Là se trouve un os très dur indestructible appelé Luz auquel l'âme est liée jusqu'à la résurrection des corps. Et l'on a essayé d'unir le corps humain et l'arbre de Séphiroth. Les six Séphiroth représentent les dix degrés de la manifestation divine, les dix Noms secrets du divin, les dix Archétypes. L'arbre est composé de trois lignées parallèles. Le bras de Dieu, l'Archétype du masculin ou axe de la Miséricorde, comprend à l'épaule la Sagesse, Hochmah ; au coude la Miséricorde, Hesed, et à la main, la Victoire, Netzah. Son bras gauche, celui de la Rigueur, l'Archétype du féminin, est formé de l'Intelligence, Binah ; de la Justice, Din et de la Gloire, Hod. Mais par le renversement des Lumières en entrant dans le miroir, le bras droit de Dieu est le bras gauche de l'homme et son bras gauche devient le droit de l'homme. La colonne du milieu, celle de la Volonté ou de la Grâce, est la plus importante. Elle comprend en partant du bas le Royaume, Malkuth, qui se situe dans les pieds. Il est le support, la base, le fondement, ce qui relie à la terre qui nous soutient. Puis vient le Fondement, Yesod, qui correspond à la région uro-génitale. Ce domaine de l'eau est celui du déluge (maboul) cette circoncision cosmique qui nous rend maboule, et dont sort la vie, Noé. Surtout lorsque, comme Jacob, il est frappé par l'ange de Dieu dans cet endroit. Alors son nom est changé en Israël, le vainqueur de Dieu (Ich, l'homme ; Saro, vaincre ; El, Dieu). Au-dessus se situe la beauté, Tiphereth. Là, les traditions divergent et ne savent où situer la beauté. La Belle qui dort est pour les uns située dans le nombril, objet de désir et de vénération dans tout l'Orient et il est lieu de la transfiguration car, son nom hébraïque est Thabor. D'autres la mettent au plexus solaire, le Soleil de l'homme. D'autres encore situent la beauté dans le cœur, qui irradie l'amour pour le divin. Il est protégé par les côtes ou boiteux, puisqu'il manque toujours celle dont a été formée la mère des vivants, Ève, et par derrière, par les clavicules qui sont les clés de la porte de Dieu (Beriah, le verrou). Au-dessus sont les sept vertèbres cervicales, qui permettent d'arriver au septième ciel (Hekkaloth), lorsque l'énergie du bas de la colonne monte jusque-là. Au sommet se trouve la couronne, Kether, le sommet du premier triangle de manifestation. La couronne matérialise le rayonnement de lumière qui surgit du crâne de l'homme complètement réalisé, l'auréole, la nimbe, la mandorle. Mais comme Dieu est transcendant, la tradition superpose trois niveaux qui émanent de la couronne : l'Ayin, le rien, le vide ; Ayin Soph, le rien sans fin, l'infini et l'Ayin Soph Aor, l'infinie Lumière dont brille le Tétragramme sacré.

Cette lumière intérieure a été ainsi décrite par un disciple d'Aboulafia :

« La troisième nuit, après minuit, je somnolais un peu, une plume à la main et une tablette sur mes genoux. Puis, je remarquai que la bougie était sur le point de s'éteindre. Je me levai alors pour la moucher, comme il arrive souvent à une personne qui se réveille. Puis je vis que la lumière continuait d'éclairer. J'étais fort étonné, comme si, en y regardant de plus près, je voyais qu'elle sortait de moi-même. Je dis : "Je ne le crois pas." J'allais de-ci, de-là dans la maison, et voici, la lumière était avec moi ; je m'étends sur ma couche et je me recouvre, et voici, la lumière est avec moi tout le temps. Je dis : "C'est vraiment un grand signe et un nouveau phénomène que je perçois." »

CHAPITRE X

L'HESYCHASME

A. La tradition orthodoxe

Dans l'église orthodoxe grecque et russe il y a une réelle considération pour les techniques corporelles. Il ne s'agit cependant pas d'une prescription officielle, mais d'une tolérance. Ce sont des secrets que se transmettent quelques moines et qu'ils enseignent à quelques personnes pieuses du peuple. Lorsqu'ils publieront des livres, ils se heurteront à de violentes polémiques et seront accusés par l'église officielle de « vouloir faire pénétrer la grâce divine par le nez » ou de contempler leur nombril et on les nomme par dérision les omphalo-psyques. Il y a dans ce courant une grande influence de la philosophie grecque ancienne et particulièrement du stoïcisme. Au ve siècle, Saint Nil publie le Manuel d'Épictète adapté à la vie monastique en mettant Théos (Dieu) à la place de théoï (les Dieux), Saint Paul à la place de Socrate et en supprimant le paragraphe *péri aphrodision*. L'hésukia est un terme stoïcien qui va avec l'ataraxia, l'imperturbabilité et l'apathéia, l'impassibilité. Au point de vue de l'action c'est le loisir, la solitude et le silence, pour la connaissance c'est la lenteur, le calme et la placidité, pour le cœur c'est le repos, la tranquillité et la paix de l'âme.

Ces traditions remontent aux Pères du désert et sont reprises par les moines du mont Athos avec Evagre le

Pontique († 399) ; elles sont exposées au VIIe siècle par Saint Jean Climaque dans son *Échelle du Paradis*, puis, après une décadence, par Nicéphore au XIIIe siècle, et après la polémique avec Barlaam, défendues par Grégoire Palamas en 1341. Elles seront connues de personnes pieuses du peuple, en Russie, comme le montre les *Récits d'un pèlerin russe*.

Il s'agit essentiellement de la préférence accordée à la récitation perpétuelle d'une unique et courte formule, la monologie. Mais on recommande de l'accompagner de prescriptions corporelles.

B. Les prescriptions corporelles

LA SOLITUDE. C'est le premier sens du mot hésukia, la réclusion, l'ermitisme. Se tenir en un lieu tranquille et solitaire, ce peut être le désert, une grotte, les forêts ou le coin de sa cellule face au mur.

LA GARDE DES SENS. Il faut se concentrer en sortant son esprit de ses cinq sens : la fermeture des yeux, la surdité des oreilles, le silence des lèvres « les hommes qui se rassemble à l'intérieur d'eux-mêmes maintiennent dans l'inaction leurs sens » (Grégoire, 2,2,5).

LES POSTURES CORPORELLES. Il faut trouver une posture où l'on puisse rester immobile pendant des heures. En général on s'assoie sur un siège bas ou par terre. On peut prendre la posture d'Elie qui « monta au sommet de Carmel et, s'inclinant vers la Terre, il mit son visage entre ses genoux » (I Rois, 18, 42) ce qui est la position bien connue de la prière musulmane. Ou bien, on se courbe au maximum vers l'avant, la tête baissée « appuie ta barbe contre ta poitrine » (Pseudo-

Syméon). Se calant le menton sur la poitrine, on est la nuque baissée, ce qui produit des douleurs dans la nuque et les épaules à la sortie. On se replie et se ramasse corporellement en correspondance avec l'attitude intérieure de recueillement. Les avant-bras peuvent être croisés sur la poitrine, la paume gauche au-dessus du sein droit et la paume droite au-dessus du gauche. On peut être aussi debout les bras levés, la tête renversée en arrière et les paumes tournées vers le ciel, mais cette attitude d'oraison tournée vers Dieu est beaucoup plus difficile à garder.

La méthode respiratoire. « Rien au monde n'est plus difficile à contempler et plus mobile que l'esprit. C'est pourquoi certains recommandent de contrôler le va-et-vient du souffle et de le retenir un peu, afin de retenir aussi l'esprit en veillant sur la respiration » (Grégoire, 1, 2, 7). Les lèvres fermées, ne respirer que par le nez ; l'inspiration de l'air est ralentie et espacée de façon à la commander entièrement. « Comprime l'inspiration de l'air qui passe par le nez de manière à ne pas respirer à l'aise ». Ceci correspond parfaitement à la respiration de la victoire (ujyaï-pranayama) dans le yoga. L'activité de la pensée et la respiration sont liées, ralentir l'une est ralentir l'autre. D'ailleurs, l'esprit a été longtemps pris pour un souffle (ruah, pneuma, spiritus, l'esprit divin, rendre le dernier souffle).

La prière du cœur. Grâce à cette respiration retenue et ralentie, il est possible de faire descendre son esprit dans son cœur, en se concentrant dessus. Il faut ramener sans cesse son intellect dans son cœur, et provoquer la jonction de l'esprit (l'œil de l'âme) et du cœur (la racine des puissances). Alors on atteint le second état qui est l'union de l'esprit au cœur et l'invocation devient spontanée, car elle est opérée par l'énergie du cœur enfin libérée. « Le cœur dirige tout l'organisme et lorsque la grâce reçoit le cœur en partage, elle règne sur toutes les pensées et sur tous les membres ». Du cœur naît une vision qui dépasse toutes les activités intellectuelles. « Pour toi, ainsi que je t'ai dit, assieds-toi, recueille ton esprit, introduis-le (je dis ton esprit) dans les narines ; c'est le chemin qu'emprunte le souffle pour aller au cœur. Pousse-le à descendre dans ton cœur en même temps que l'air inspiré. Quand il y sera, tu verras la joie qui va suivre... Aussitôt que l'esprit a trouvé la place du cœur, il voit ce que jamais encore il n'avait vu ; il voit l'air qui se trouve au-dedans du cœur, c'est-à-dire qu'il se voit lui-même entièrement lumineux et rempli de discernement ».

La monologie. La garde du cœur est de n'y laisser entrer aucune autre pensée que celle de Dieu. Et le moyen le plus simple est de répéter sans arrêt la même invocation, alors s'installe le véritable silence du mental. Là se trouve le secret de l'hésychasme, tout le reste n'est qu'une aide. Il faut répéter sans cesse la même formule, celle choisie par les Grecs était *Kyrié Jésus-Christos Théosoter éleison*. Seigneur Jésus-Christ, fils de Dieu, ayez pitié de moi. On pouvait l'abrégé en Kyrié sur l'inspir et Eleison sur l'expir. Voilà la prière de Jésus.

Les textes détaillent les étapes : la prière debout de l'ascète imparfait, la prière assise du moine contemplatif, la prière qui n'arrête pas de décomposer l'esprit et l'attention, et la prière du cœur ou l'oraison. Mais seuls de rares textes comme le *Récit d'un pèlerin russe* en donnent la clé. Ce n'est pas une mince chose. Il faut avoir tout son temps et ne faire que cela pendant plusieurs semaines. Le premier jour on répètera la formule trois mille fois. Puis de jours en jours on cherchera à atteindre six mille répétitions par jour. Après quelques semaines on arrivera à douze mille répétitions quotidiennes. Alors, il n'y a plus aucun effort à faire. La prière est entrée dans l'esprit et le cœur et *elle ne s'arrête plus*. C'est la prière ininterrompue permanente qui se poursuit même pendant le sommeil, et qui reprend toute seule consciemment au réveil. La pratique du yoga japa-ajapa ou le mantra-yoga le font fort bien vivre et comprendre.

LES PRODUCTIONS. Des résultats corporels en proviennent. D'abord la photophoria, l'apparition de lumières. « Il y a une lumière se manifestant aux saints, différente de la connaissance qui provient de toute créature, bien plus sainte, puisqu'elle est la gloire de la Nature de Dieu et qu'elle se fait voir à ceux-là seuls qui ont acquis l'Esprit de Dieu ; elle est loin d'être un produit de l'imagination ou d'être semblable aux lumières sensibles ». Les saints savent par expérience que la lumière existe et que son existence n'est pas symbolique. « C'est un autre soleil qui donne ce jour, un Soleil qui luit de la vraie lumière et transforme en autres soleils ceux qui communient à cette lumière ». Elle n'est pas l'essence divine mais l'énergie de l'essence divine.

Avec elle naît la *plérophoria*, le sentiment de plénitude et de certitude. C'est l'hésukia qui est la quiétude, le calme, la paix, la sérénité, la tranquillité de l'esprit et la paix de l'âme.

Puis vient la transformation du corps. « Le corps devient lui aussi sensible au mystère caché qui se produit dans l'âme... Avec la victoire de l'Esprit, le corps deviendra tellement subtil qu'il n'apparaîtra plus du tout comme matériel et ne s'opposera plus aux énergies spirituelles... Le corps lui aussi a l'expérience des choses divines ».

Et l'enchaînement de la méthode corporelle est aussi précisée :

« Au commencement vient la prière souverainement pure
d'où procède une étrange et sainte énergie
ensuite les larmes divines du cœur
et la paix, qu'elles renferment de toutes les pensées
d'où jaillit la purification de l'esprit
et la contemplation des mystères divins
Après elle, indiciblement, un embrasement
et une illumination du cœur
Consommée à son tour par l'imparfaite perfection... »

LE STARETZ ET LA TRANSMISSION. Tout ce travail est fort difficile à réaliser tout seul, aussi est-il donné par le maître dans un éveil et une transmission de corps à corps. Dans toutes les grandes voies de l'extase, il y a des maîtres. Nul ne repart du début. Toutes les réalisations de la lignée sont transmises par son dernier représentant. C'est un don, un cadeau, une grâce. Aussi dans l'hésychasme faut-il avoir envers son père spirituel, son staretz, la plus grande dévotion, un attachement et une foi aveugle, beaucoup d'humilité et de reconnaissance. C'est lui l'intermédiaire, l'éveilleur, le transmetteur par contagion corporelle, mise en résonance car, comme l'écrit Saint Jean Climaque « l'hésychaste est celui qui cherche à circonscrire l'incorporel dans son corps » (échelle 27).

C'est le staretz qui transmet la grâce de l'extase. Un très bon exemple nous est donné par le dialogue entre Motovilov et le père Séraphim de Sarov (1759-1833) : « ...et me prenant fortement par les épaules, il ajouta "En ce moment, petit frère, nous sommes tous deux dans l'Esprit divin... Pourquoi ne me regardes-tu pas ?". Je répondis : "Je ne peux pas vous regarder,

Père, parce que vos yeux jettent des éclairs, votre visage resplendit plus que le soleil et cela me fait mal aux yeux". Séraphim reprit : "N'ai pas peur, ami de Dieu, actuellement tu resplendis autant que moi. Tu es maintenant dans la plénitude de l'Esprit de Dieu : autrement il te serait impossible de me voir dans cet état"... "Qu'éprouves-tu maintenant ?" me demanda le père Sérahim. "Une sensation de bienfait infini" répondis-je "Mon âme est dans un tel calme, une telle paix que les mots ne pcuvent l'exprimer"... "Que exressens-tu encore ?" questionna le staretz "Une extraordinaire douceur" — "Et quoi encore ?" — "Une joie ineffable m'inonde le cœur"... "Une sensation extraordinaire de chaleur" — "De chaleur ? Mais comment ? Ne sommes-nous pas assis dans la forêt ? C'est l'hiver, nous avons les pieds dans la neige, un pouce de neige sur nous et de la neige fondue tombe du ciel. De quelle chaleur s'agit-il donc ?" — "C'est une chaleur semblable à celle qu'on ressent dans un bain bien chaud" — "Et l'odeur est-elle semblable à celle d'un bain ?" — "Non, dis-je, je n'ai jamais senti sur terre pareil parfum"... "Je pense que maintenant, tu ne demanderas plus comment les hommes sont dans la grâce de l'Esprit Saint. Te souviendras-tu de cette immense grâce qui s'est manifestée et qui nous a visité aujourd'hui ?". »

CHAPITRE XI

L'OCCIDENT CHRÉTIEN

A. Ascétisme et haine du corps

En Occident, dans l'Église romaine, les techniques corporelles de l'extase sont frustes ou oubliées. Rien ne s'y fait avec le corps, mais tout contre lui. La seule voie d'accès à Dieu semble être la destruction du corps par l'ascétisme. Le corps n'agit donc que négativement. Il n'existe aucune impulsion corporelle au sacré. Et les seules techniques corporelles étaient donc la solitude, la privation de sommeil, le jeûne et les macérations, comme en témoigne Odile Arnold, dans sa « Vie des religieuses au XIXe siècle ».

Pourtant, il y a chez Pascal, l'idée que le corps influe sur l'esprit et que l'on peut développer une attitude mentale en prenant une attitude physique. L'exemple qu'il donne est très discutable. Ployer la machine, se mettre à genoux, prendre de l'eau bénite ne fera pas croire à la religion chrétienne et encore moins au jansénisme. Mais cela peut y aider et y inciter, car nous sommes automates autant qu'esprit, et la coutume « incline l'automate, qui entraîne l'esprit sans qu'il y pense » (Pensée 252). De ce point de vue toutes les attitudes corporelles enseignées par le christianisme (se mettre à genoux, faire le *mea culpa* en se battant la poitrine, poser son front sur le sol, faire une génuflexion...) étaient des attitudes d'humilité et abaissement de l'homme.

À force de chercher dans les textes chrétiens ce qui pouvait avoir bien rapport au corps, on a fini par trouver quelques lignes dans les *Exercices spirituels* de Saint Ignace de Loyola, relatives à la position du corps ou à la respiration. « Je commencerai ma contemplation tantôt à genoux, tantôt prosterné, la face contre terre, tantôt étendu le visage vers le ciel, tantôt assis, tantôt debout, cherchant toujours à trouver ce que je désire ». Mais ce que dit ce texte, c'est que la posture du corps n'a pas d'importance et que l'on peut prendre n'importe laquelle et changer sans cesse (debout, assis, à genoux, sur le dos, sur le ventre). Enfin, dans la troisième manière de prier par rythme il propose de prononcer un mot de la prière (par exemple le *Pater noster*) à chaque respiration en pensant dans l'intervalle au sens, à la personne que l'on prie ou à sa propre bassesse.

B. Les traditions perdues

Il semble qu'il n'y ait pas toujours eu dans la pratique chrétienne l'usage du prie-Dieu ou de la prière à genoux par terre. Par exemple, à certaines époques les Trappistes utilisaient un petit banc pour s'asseoir au raz du sol. De même dans la clôture, les Clarisses ont parfois utilisé pour prier la posture japonaise : à genoux sur le sol assis sur les talons.

Rien ne manifeste mieux la méfiance séculaire du christianisme romain envers le corps que son opposition à la danse. La rencontre du divin dans la danse extatique, que l'on retrouve dans bien des religions, n'existe pas dans le catholicisme. Les Juifs dansaient et David chanta et dansa devant l'Arche d'Alliance, le corps presque nu, ne portant qu'un petit pagne comme les Égyptiens. Les chrétiens, tout en acceptant le chant et la musique, ont refusé toute danse. Et il n'existe donc pas chez eux de danse sacrée, comme celles de l'Inde, de Bali ou des derviches tourneurs. La danse est toujours restée païenne pour eux. Cependant, à partir du XIe siècle on construisit des labyrinthes en relief sur le sol de certaines églises, près de la porte Ouest. Le Minotaure devint Satan et Thésée le Christ ressuscité des morts. Dans la cathédrale d'Auxerre il y avait autrefois, le jour de Pâques, une procession des chanoines (peut-être dansée ?) sur ce labyrinthe au chant de l'antienne pascale. Ils se passaient de mains en mains une balle (pilota), sans doute symbole du soleil qui ressuscite à cette période (Sol invictus de Mithra). Par contre, depuis peu, est apparue une nouvelle danse sacrée, d'inspiration chrétienne.

On comprend donc la soif actuelle de tout le clergé régulier pour les techniques corporelles de l'extase. La haine du corps allant s'affaiblissant, moines et religieuses recherchent les pratiques qui peuvent faciliter la prière. Aussi y a-t-il eu dans bien des monastères des enseignements de la posture de méditation za-zen et des cours de yoga. C'est tout un renouveau corporel qui s'opère.

C'est le yoga du cœur, ou Bhakti-Yoga, qui peut le plus leur apporter, car il rejoint le culte du Sacré-Cœur de Jésus. Cette voie de l'amour est très ancienne puisqu'on peut la retrouver jusque chez les Béguines, Marguerite Porette, 1310 ; Mathilde de Magdebourg, 1294 ; Béatrice de Nazareth, 1268, et surtout Hadejwich d'Anvers, 1240, qui écrit :

« Devenir Amour est chose inouïe
Celui qui veut être amour,

en tout sera vigilant
car c'est exister bien au-delà de l'humain. »

La fixation sur le cœur a été aussi vécue par Thérèse d'Avila vers 1560 après sa première vision :

« ...comme je me trouvais en oraison, je vis, ou plutôt je sentis, car, ni avec les yeux du corps ni avec ceux de l'âme je ne vis rien, mais il me sembla que le Christ était auprès de moi, et que celui qui me parlait, à mon sens n'était nul autre que Lui. Je ne savais pas que l'on pouvait avoir de pareilles visions, et je ressentis au premier moment un tel effroi que je me mis à pleurer. Mais une seule parole suffit pour me rassurer ; je retrouvai ma tranquillité comme l'instant d'auparavant et me rasséréna. »

Le culte du Sacré-Cœur a été popularisé par Marguerite-Marie Alacoque vers 1686 à Paray-le-Monial, selon ses quatre extases où Jésus lui avait confié cette mission : « Mon divin cœur est si passionné d'amour pour les hommes, et pour toi en particulier, que ne pouvant plus contenir en lui-même les flammes de son ardente charité, il faut qu'il les répande par ton moyen. Voilà ce Cœur qui a tant aimé les hommes qu'il n'a rien épargné, jusqu'à s'épuiser et se consumer, pour leur prouver son amour. »

C'est ce même type d'extase dont nous parle Thérèse de Lisieux vers 1893 dans *Histoire d'une âme* :

« Quelques jours après mon offrande à l'Amour Miséricordieux, je commençais au chœur l'exercice du Chemin de la Croix, lorsque je me sentis tout à coup blessée d'un trait de feu si ardent que je pensai mourir.

Je ne sais comment expliquer ce transport, il n'y a pas de comparaison qui puisse faire comprendre l'intensité de cette flamme. Il me semblait qu'une force invisible me plongeait tout entière dans le feu. Oh ! Quel feu ! Quelle douceur ! »

Comme la Mère Prieure lui demandait si ce transport était le premier de sa vie, elle répondit simplement :

« Ma mère, j'ai eu plusieurs transports d'amour, particulièrement une fois, pendant mon noviciat, où je restai une semaine entière bien loin de ce monde, je ne puis exprimer cela, j'agissais, me semblait-il, avec un corps d'emprunt ; il y avait comme un voile jeté pour moi sur toutes les choses de la Terre. Mais je n'étais pas brûlée d'une réelle flamme, je pouvais supporter ces délices sans espérer de voir mes liens se briser sous leur poids ; tandis que le jour dont je parle, une minute, une seconde plus, mon âme se séparait du corps... »

CHAPITRE XII

PROBLÈMES DE MYSTIQUE COMPARÉE

Nous pensons avoir maintenant démontré, selon l'intuition originelle de Marcel Mauss, que l'expérience mystique est à base de techniques corporelles. L'extase se produit quelles que soient les religions. Ce qui soulève bien des problèmes. Il convient donc de réfléchir sur ces techniques corporelles de l'extase et d'élucider les divers points qui restent encore obscurs, et en particulier, il reste à peser leur importance par rapport à l'idéologie, la doctrine et les mythes.

A. La nécessité des guides

Un point paraît bien acquis : l'absolue nécessité des guides. Lorsqu'il n'y en a pas, comme en Occident, les réussites sont isolées, puisqu'il faut chaque fois tout reprendre au départ. La part du corps y est aussi très réduite.

Par contre, lorsque existe une lignée de guides, on peut noter la présence de techniques corporelles. Les staretz dans l'hésychasme, au mont Athos, en Grèce et en Russie, se sont perpétués jusqu'à nos jours. Chez les soufis musulmans on les nomme Pir, Sheik ou Murshid et ils engendrent des tarîqahs ou lignées d'initiation. Les lamas tibétains se transmettent aussi des pouvoirs par des initiations qu'ils vont recevoir dans les différents courants, sans aucune exclusive. Finalement, c'est dans le zen que l'on voit le mieux l'importance d'un maître. Les disciples travaillent longuement par eux-mêmes, mais dans les récits des vies des maîtres zen on se rend compte que le déclic final du Satori est donné par le maître directement de cœur à cœur. C'est dans le yoga qu'a été le mieux réalisé l'importance d'un guide qui prend le nom de gourou. Des dizaines de lignées se sont perpétuées à travers les siècles jusqu'à aujourd'hui. Mais il faut reconnaître qu'à côté d'elles, il existe aussi des réussites individuelles sans maître, mais en ce cas il semble que ce mystique ne puisse rien transmettre et n'ait pas de disciple.

Le titre de Rimpotché (Très Précieux) que l'on donne aux lamas tibétains convient parfaitement à tous les guides. Rien n'est plus précieux que celui qui éveille à la voie mystique. Il devient le deuxième père (ou mère) ; le premier a transmis la vie physique, et lui donne la vie spirituelle. Un maître véritable, comme l'expliquait Jean Herbert, ne fait pas que décrire la voie et le but. Cela peuvent le faire, ceux qui en ont entendu parler, mais n'ont pas pu le réaliser. Seul celui, qui est allé jusqu'au bout de l'expérience, qui a fait l'ascension de la montagne jusqu'au sommet, peut en plus donner, le désir de s'y engager et surtout la force de le réaliser. Certains peuvent même transmettre directement l'extase, comme on allume un flambeau à un autre flambeau. Le rôle principal du maître est en effet de permettre de dépasser l'illusion de l'égo. En effet, seul, on n'y arrivera jamais : l'égo n'attente jamais à l'égo. L'acte de reconnaître un homme réalisé comme son maître est un premier acte d'humilité. C'est l'orgueil de l'égo qui l'empêche et entretient l'illusion présomptueuse que l'on y arrivera tout seul, par ses propres forces, sans aucune aide. Il est curieux de remarquer que l'Occident a d'un côté, tellement développé l'humilité, qu'il a isolé et caché ses saints et ses extatiques de peur qu'ils s'en orgueillissent. Mais d'un autre côté il a donné à chacun l'orgueil de croire que personne n'est supérieur à personne et que l'on peut s'en sortir seul, sans guide.

Bien entendu le défaut contraire de certains est de vouloir tout attendre d'un maître et une fois qu'ils ont reçu de lui, de stopper tout travail et effort personnel. Ils le pompent et vivent alors collés à lui comme une tique à un chien. Le vrai maître est celui qui s'en aperçoit vite et stoppe alors tout don pour renvoyer le disciple à son travail personnel.

Mais ceci pose le problème de savoir : qu'est-ce qui peut bien se transmettre de corporel ? Un être réalisé peut faire participer à son niveau de conscience, à la flamme de son amour, au bonheur infini qui l'inonde, mais il est vraisemblable qu'il communique aussi une certaine énergie corporelle.

B. Qu'est-ce que l'énergie corporelle ?

C'est un domaine qui n'a pas encore été étudié par la science contemporaine. La science connaît bien l'énergie et ses diverses formes (électrique, magnétique, cinétique, calorifique, atomique...). Mais il lui reste à nous dire ce qu'est l'énergie corporelle. Elle commence à l'aborder par divers aspects, en particulier, à partir de l'acupuncture. L'on sait aussi que le cerveau ne commande pas la contraction de toutes les fibres musculaires et que lorsqu'il le fait (par exemple, dans la folie ou la transe) l'individu peut déployer une force incroyable. Mais il y a bien d'autres énergies dans le corps.

On en est donc réduit à la description ordinaire. Nous savons tous ce qu'est « la forme », et rien n'est plus important, puisque nous nous demandons tous « Ça va ? En forme ce matin ? » Il est des jours où l'on se sent plein d'énergie, capable de tout, et d'autres où l'on est à plat, déprimé. Nous avons aussi appris à reconnaître les personnes qui nous pompent notre énergie : une demi-heure de conversation avec elles et l'on se sent vidé. D'autres au contraire (et en particulier les maîtres) nous rechargent pour plusieurs jours. Mais de quelle énergie corporelle s'agit-il ?

Le magnétisme corporel, pratiqué depuis longtemps, n'est pas encore reconnu par la science. L'énergie sexuelle a été étudiée par la psychanalyse. Freud a décrit la libido comme une pulsion somato-psychique. C'est une énergie qui peut s'accumuler dans le corps. Elle se trouve en général dans les organes sexuels, mais elle peut aussi se déplacer et se fixer dans n'importe quelle partie du corps qu'elle transforme en zone érogène. Par la suite, on a parlé d'elle plus en termes d'énergie psychique que physique. Seul Reich s'est aventuré dans cette voie. Il conçoit la libido comme une force corporelle, ensuite, il lui a donné le nom d'orgone. Elle se bloque dans une zone par suite de la stase corporelle et il a créé la végétothérapie pour assurer son déblocage et son déplacement. Puis, comme les Orientaux, Reich a mis cette énergie du corps humain en liaison avec l'énergie de l'univers qu'il a décrit comme formée de grains ou bions. Par la suite, la bio-énergie, fondée par Lowen et Pierrakos, a développé des exercices pour manipuler cette énergie corporelle et la libérer.

Le yoga parle d'une (autre ?) énergie corporelle qu'il nomme Kundalini. Elle se nourrit de l'énergie sexuelle mais sa nature est divine. Chez la plupart des humains elle reste endormie et lovée, et son réveil, indéniable, est très spectaculaire. Il reste à la science à l'étudier et à vérifier si, comme le disent les Hindous, elle est liée à la polarité du système ortho et para-sympathique.

Est-elle de même nature que l'énergie vitale (Ki) dont parlent beaucoup les Chinois et les Japonais ? C'est une énergie double. D'abord, elle correspond à la vie de la nature, c'est une énergie cosmique. Mais d'un autre côté, c'est aussi une énergie corporelle. Bien des techniques du corps, comme le budo japonais ou le taï-chi-chuan chinois, ont pour but de se l'incorporer et de la développer. Son éveil met en résonance avec la puissance de la nature et l'inconscient universel objectif.

Rien ne semble plus urgent pour la science occidentale que de faire des recherches dans ce domaine.

C. Les centres d'énergie dans le corps

Par la même occasion elle aura à préciser ce que peuvent être des centres d'énergie dans le corps. Dans les centres qui sont décrits par les traditions il y a bien des correspondances avec des plexus nerveux (sexuel, solaire, cardiaque, pharingien...) ou avec des glandes endocrines (gonades, surrénales, thymus, hypophyse...). Elles restent à préciser. Le problème c'est que ces centres, ou chakras, ne sont pas dans le corps physique, mais dans le corps d'énergie, et son existence reste à démontrer.

La difficulté vient de ce que ces centres ne sont pas les mêmes selon les traditions. Les Tibétains n'en reconnaissent que cinq, mais ils correspondent aux cinq derniers du yoga. Par contre, les lataïfs des soufis ne sont pas situés aux mêmes endroits que les chakras hindous.

Au-delà du corps d'énergie se situe le corps de lumière. Il se manifeste dans l'expérience de la Transfiguration et nous en avons des exemples avec Jésus, Séraphin de Sarov, les soufis et les yoguis. L'irradiation du chakra coronal était connue des chrétiens sous le nom d'auréole, de nimbe ou de gloire, et celle de tout le corps est appelée mandorle. Dans bien d'autres traditions on parle d'aura, mais il n'a encore jamais été possible de la photographier ou de l'enregistrer. On a longtemps espéré que la technique des photos Kirlian pourrait progresser en ce sens, mais cela ne s'est pas encore réalisé.

Il en est de même pour la lévitation qui accompagne bien des extases dans des traditions différentes : elle n'a pas encore pu être étudiée scientifiquement.

D. L'expérimentation des techniques de l'extase

La recherche scientifique par contre, a fait des progrès considérables dans diverses autres dimensions. Et l'on commence maintenant à mieux comprendre ce qui peut se produire dans un corps humain. Mais ce sont surtout les premières étapes dont on peut rendre compte.

1. *L'isolation sensorielle*. L'absorption dans l'état intérieur est si grande que l'extatique communique

peu ou plus du tout avec le monde extérieur. Et c'est ce qui donne la première de toute les techniques le retrait des sens, la coupure avec le monde extérieur et l'intériorisation. Le méditant s'installe dans une posture stable, ferme les yeux et ne bouge plus. On dit que pratiquer la posture de zazen, c'est comme entrer dans son propre cercueil. Diverses expériences sur la concentration ont pu prouver qu'effectivement, le méditant n'entend plus rien : chez les débutants le message du son parvient encore jusqu'à la zone auditive du cerveau, mais plus on a d'ancienneté et de pratique, plus tôt il est arrêté le long du nerf auditif, et aucune excitation n'arrive au cerveau.

Une telle situation est étudiée dans les laboratoires de psychologie expérimentale depuis des décennies sous le nom d'isolation sensorielle. Des caissons d'isolation isophones sont utilisés pour les astronautes et des caissons hyperbares en plongée sous-marine profonde, enfin en milieu naturel de longs séjours ont été réalisés par des spéléologues dans la nuit des grottes. À partir de l'invention des « citernes de l'extase » par John Lilly, s'est développée la mode des caissons d'isolation sensorielle ou tanking. Leur rapide désaffection est venue de leur manque d'accompagnement psychothérapique et spirituel, car l'on ne peut pas espérer remplacer en quelques minutes une vie d'entraînement mystique, ce qui était pourtant le secret espoir de tous. Cependant ces diverses expérimentations d'isolation sensorielle ont prouvé que cela produisait rapidement une ouverture et un déferlement des images intérieures. Mais dans la méditation, elles sont guidées par une orientation vers les états supérieurs de conscience et les images-forces ou eidolons.

2. *L'immobilité et la relaxation.* Toutes les voies

recommandent de s'immobiliser et de se relaxer dans la posture juste. Ceci a donné lieu à un grand nombre de publications scientifiques grâce aux appareils de *bio-feedback*. À l'aide d'un bruiteur dont on fait diminuer le son, on peut induire et mesurer la relaxation musculaire avec un électro-myographe, la transpiration émotive avec un dermographe, la régulation des battements du cœur avec un électro-cardiographe ou l'obtention des ondes alpha du cerveau avec un électro-encéphalographe... Ainsi, on a pu mesurer récemment que les moines bouddhistes tibétains pouvaient en quelques minutes faire monter leur température entre 44,5° et 46° par la technique du *toumo*. On comprend mieux ainsi comment peuvent se produire certains des phénomènes physiques qui accompagnent une extase.

3. *L'hyperventilation*. L'hyperventilation se trouve dans les techniques respiratoires de bien des voies, comme la transe chamanique, le yoga, le soufisme ou l'hésychasme. Son utilisation systématique est devenue la base de diverses psychothérapies : *Rebirth* ou psychothérapie holotropique de S. Grof. Elle peut induire un état de transe comme dans la Transe-Terpsychore-thérapie du Dr J. Donnars ou faire remonter à la conscience un flot d'images du passé lointain et oublié (naissance, vie utérine, vies antérieures [?], expériences transpersonnelles). Voilà donc une des plus simples techniques corporelles de l'extase confirmée dans son efficacité pour ouvrir au voyage intérieur.

4. *La répétition verbale*. La répétition incessante d'une même formule a un effet puissant pour anesthésier le processus automatique de production des idées dans l'esprit. À l'origine, il s'agissait d'invocations, de prières ou d'appel à Dieu pour se connecter à lui. Par la

suite, des mots profanes ont été utilisés dans des méthodes de psychologie pour stopper un processus de préoccupation obsessif et produire un état d'apaisement et de calme. De nombreux travaux expérimentaux ont été publiés sur ses effets par le mouvement de méditation transcendantale. C'est certainement une des techniques les plus efficaces dans les cas rebelles pour se préparer un jour à entrer dans la méditation, puis le silence du mental et enfin l'état de vacuité.

5. *La visualisation*. La visualisation d'images mentales et leur contemplation pose des problèmes, car elle n'est pas universelle. Toutes les voies sèches et abruptes, comme le T'chan, le Zen ou le Shivaïsme du Cachemire, s'en méfient absolument, alors que c'est la méthode du yoga nidra, du bouddhisme tibétain ou des *Exercices spirituels* d'Ignace de Loyola. C'est donc à chacun de choisir sa voie : l'entrée dans l'état sans mental ou la connexion avec des eidolons. Cette technique a eu un grand succès dans toute la psychologie de type américain sous les noms divers de « pensée positive », « visualisation créatrice », *modeling*, autopsychorégulation, *symbolic identification*, auto-hypnose, imagination active, programmation mentale ou métaprogrammation, etc. On promet que, par le réveil des puissances de l'imagination, on va pouvoir programmer sa vie et ses tendances, comme un ordinateur, et accéder à une nouvelle vie riche et créatrice. Les résultats sont souvent provisoires ou décevants, car il y a image et image. Notre pratique conjuguée de yoga nidra et du Rêve-éveillé analytique nous a permis d'en expérimenter les raisons. Tout dépend du niveau de conscience et de la nature des images. Autant les visualisations de yoga nidra faites en état de conscience crépusculaire ont une efficacité fulgurante, autant celles en état de conscience ordinaire ne sont

qu'un agréable passe-temps. En Rêve-éveillé, les images proches de la pensée, de type intellectuel, produites volontairement par le moi sont totalement différentes des Images-Forces et de celles qui surgissent toutes seules de l'inconscient. Il faut donc, par un long travail, arriver au niveau des images de puissance pour qu'elles puissent avoir un effet par elles-mêmes et nous connecter avec les forces de l'au-delà.

Bien d'autres techniques, issues des voies traditionnelles, sont maintenant l'objet d'une expérimentation : le chant harmonique, la marche sur le feu, le rêve lucide, la concentration sur un dessin ou la construction de son propre mandala, la musicothérapie, la danse-thérapie, la mise en transe et le chanelling, les sorties hors du corps, les voyages aux confins de la mort, la luminescence corporelle et la circulation de l'énergie, la transmutation de l'énergie ou montée de la Kundalini... Elles constituent le programme de la psychologie transpersonnelle.

E. Rôle et importance des techniques

Le principal problème semble être celui du rôle et de l'importance des techniques corporelles. On se trouve là au cœur d'une polémique qui dure depuis toujours. Et ce point, non encore résolu, reste fondamental. Il s'agit au fond, du rôle de l'activité humaine. Dans la religion chrétienne on peut faire remonter la discussion à l'opposition entre le moine Pélage et saint Augustin. Pélage soutenait que l'homme par ses seuls mérites peut faire son salut. Cette position fut qualifiée d'hérétique par plusieurs conciles. Mais la question ne fut pas réglée pour autant et resurgit périodiquement jusqu'à la querelle de la Grâce entre les Jésuites et les Jansénistes. Si tout vient de Dieu, les œuvres humaines ne sont rien à côté et certains sont portés à les négliger. On peut en arriver alors aux positions des quiétistes ou de Luther affirmant que seul compte la foi et que les œuvres ne sont pas efficaces.

Voilà dans quel contexte on se trouve ; à quoi il faut ajouter qu'il s'agit en plus de pratiques corporelles, ce qui est encore plus difficile à admettre, le corps ayant toujours été considéré comme incitant au péché. Dans toutes les voies que nous avons étudiées, on retrouve les mêmes oppositions entre deux courants. L'un prétend que ce que fait l'homme est efficace et se suffit à lui seul. Le tantrisme se situe même hors de tout rapport au divin. Mais dans toutes ces voies on trouve des religieux qui prétendent que tout ce qui se produit, provient directement de la grâce de Dieu. On peut d'ailleurs distinguer trois degrés dans cette position. D'abord, viennent les partisans de la voie directe ou abrupte et du non-agir qui soutiennent que toutes les techniques sont plus nuisibles qu'utiles. Il vaut donc mieux s'en abstenir, car elles ne servent qu'à développer l'égo et l'orgueil humain. D'autres ne déconseillent pas les techniques mais ne leur reconnaissent qu'un rôle mineur : de déclenchement, de début ou adjuvant, de soutien, d'aide accessoire. Enfin, les partisans des techniques corporelles soutiennent que ce serait folie que de se priver de l'aide du corps.

Sans vouloir avoir de position dogmatique, on ne peut que conclure à l'efficacité des techniques corporelles. Leur succès en Occident en est une preuve. Si justement on ne les considère pas comme de simples recettes de gymnastique ou d'hygiène corporelle, elles ont démontré qu'elles favorisaient l'entrée dans une voie spirituelle menant à l'extase. Le problème se circonscrit maintenant à une seule question : sont-elles suffisantes seules ? Il ne le semble pas, pourtant pratiquées avec constance, elles mènent à la spiritualité. Il est vrai que le yoga occidental est resté pour beaucoup une gymnastique douce ou la recherche de l'acrobatie, mais pour certains, postures et respirations débouchent sur l'éveil à une vie spirituelle. Et, lorsque la méditation s'installe, il n'y a plus qu'à la laisser se développer pour aboutir à l'extase. L'opposition vient de ce que l'on considère encore le corps seul, à part, coupé de l'esprit et de ce que l'on a oublié que l'esprit, en « la fine pointe de l'âme », contenait l'Infinie Puissance qui a produit l'univers.

Toute technique corporelle est bonne si on la conçoit comme un appel à la Grâce libre et imprévisible et n'est justifiée que si on la conçoit ainsi.

F. L'aide culturelle et les eidolons

De même il ne faut pas oublier que l'homme est un être social. Il appartient forcément à une culture. Nous arrivons maintenant à la partie sociologique de cette étude socio-psycho-biologique que réclamait Marcel Mauss.

L'homme n'est pas un être indépendant de tout un contexte social et en particulier historique. En approfondissant son intériorité, il retrouve tout un passé qui lui appartient et auquel il appartient. Jung dirait qu'il découvre son inconscient collectif. C'est alors qu'il peut s'enraciner dans les forces qui mènent sa culture. Chacune a les siennes et elles ne se contredisent pas. Il n'y a pas un seul système de vrai puisqu'on a pu trouver l'extase dans des cultures et des religions opposées. Les croyances ne sont cependant pas inutiles et ne constituent pas des superstructures vides. En réjoignant ces forces collectives l'homme reçoit un regain d'énergie. Après avoir fait tout ce qui était en son pouvoir, c'est sans doute ce qui donne le déclic final et permet de déclencher l'extase. Car, il n'y a pas d'extase sans croyance. Livré à ses seules forces l'homme ne peut faire que la moitié du chemin. Mais ceux qui savent (ou qui découvrent) que « si tu fais un pas vers Moi, J'en ferai dix vers toi » trouvent là un relais et un tremplin. C'est alors (et alors seulement) que vient la période de l'abandon à la Grâce, quand le contact a été établi.

On peut aussi se demander quelle est la nature de ces forces que l'on rencontre à la fin de la vie mystique. Autrefois, on les nommait Dieu et le problème semblait réglé, même si l'on ne savait pas ce que l'on pouvait mettre derrière ce mot. Pour certains, les dieux ne sont que les génies des peuples. Il est vrai qu'ils sont liés. Quand les dieux meurent, les peuples perdent leur vitalité (Tahitiens, Incas, Indiens du Mexique...). La mort du grand dieu Pan a sonné le glas de la puissance grecque. Inversement, quand les peuples disparaissent, leurs dieux se désagrègent (les anciens Egyptiens, Assyriens, Hittites...). Pour beaucoup, les dieux des vaincus deviennent des démons (les Gaulois, les Grecs...).

Doit-on penser que le simple fait de se concentrer sur des figures, de les imaginer, les invoquer et les aimer crée une concrétion de forces (ou eidolon) qui s'accroît lentement au fil des siècles ? Ou au contraire, y a-t-il découverte d'êtres pré-existants et existants réellement, indépendamment de la pensée des hommes ?

Ceux qui ont étudié cette question ont toujours refusé de choisir et prétendu que les deux étaient vrais. C'est ce qui fait la difficulté de comprendre ce que Jung entend par Archétypes. Il s'agit d'une réalité qui est présente à la fois à l'intérieur et à l'extérieur de l'homme. On ne peut que se référer à ce que les gnôstiques ont décrit sous le nom d'Eons. C'est aussi la position des bouddhistes au sujet des boddhistvas et c'est ce qu'expose avec finesse Blofeld pour le culte de Kuan Yin. La contradiction n'existe, en fait, qu'au niveau de l'égo ; quand on change de plan de conscience, on la voit s'évanouir.

G. La nature de l'expérience mystique

Nous avons choisi le terme d'extase et, par conséquent écarté tous les phénomènes de possession par des esprits (sorcellerie, cultes africains, Vaudou...). Mais ce terme d'extase ne semble pas convenir à toutes les expériences que nous avons étudiées. Il semble le plus adapté à l'expérience soufie, mais les Chrétiens se méfient beaucoup des extases et renvoient le quiétisme de Madame Guyon hors du christianisme.

Par conséquent, on peut se demander s'il convient bien de nommer « extase » l'expérience ultime. Pour bien des mystiques les extases ne sont qu'une étape et il ne faut pas s'y complaire ni encore moins les rechercher. Au-delà se font les expériences du Vide, de la Nuit obscure, de la Présence et de l'Unification. Trois aspects apparaissent unis dans l'expérience ultime : la Conscience, l'Amour et l'appréhension d'une Présence. D'abord, on parle de recueillement ou d'absorption, mais ce n'est pas un sommeil ou une inconscience, au contraire il s'agit d'Éveil, de vigilance et d'expansion de conscience. L'expérience ultime n'est pas non plus l'apparition d'une divinité. L'appréhension par les sens (en ce cas visuel) n'est que la forme la plus basse de la rencontre de Dieu. Comme l'a dit avec beaucoup d'humour Maître Eckhart, on ne peut espérer contempler Dieu comme on voit une vache.

On peut donc admettre que toutes ces différentes voies mènent à la même expérience de la Réalité Ultime. Mais il vaut mieux ne rien écrire à son sujet, car, on en a déjà bien trop parlé et qu'elle est de plus le dépassement de toutes les contradictions. L'Absolu en effet, n'est limité par rien, même par le relatif, par conséquent, l'absolu est le relatif, le néant est l'Être, le Vide est le Plein, la Vacuité est la Réalité et le Nirvana est la Conscience suprême.

Par contre, il nous semble que les expériences décrites par les voies ne sont pas identiques : l'extase n'est pas la même dans le christianisme, le soufisme, le bouddhisme tibétain, le zen et le yoga. On peut les différencier en les répartissant en quatre catégories.

D'abord, l'extase dans les religions monothéistes consiste dans l'identification au Dieu Unique. Cela paraît très présomptueux aux religieux convaincus de la bassesse humaine, mais c'est ce qui a toujours été affirmé par tous les mystiques de toutes ces religions. Mais, même parmi eux, il y a des différences. Les mystiques chrétiens romains se servent uniquement de l'esprit et semblent avoir toujours ignoré qu'ils pouvaient aussi utiliser l'aide du corps. Au contraire toutes leurs pratiques (jeûnes, cilices, chaînes, ceintures à pointes de fer, flagellations...) ne visent qu'à l'affaiblir pour échapper aux tentations de la chair. Chez les chrétiens orthodoxes on voit poindre avec l'hésychasme, les premières techniques corporelles, mais on les leur a assez reprochées en se moquant de leur idée de vouloir introduire la Grâce par le nez. L'extase chez les chrétiens est décrite comme un rapport amoureux entre deux personnes. Seulement, il n'y a qu'un corps-esprit et un Esprit (avec parfois l'image d'un corps humain). Par conséquent, on peut la comparer à l'amour platonique ou à un mariage mystique de cœur à cœur. Madame Guyon surtout, a décrit le transfert de l'amour qui semble s'échapper du cœur comme un fluide.

L'extase chez les soufis est très proche. Mais dans leurs decriptions on trouve plus souvent des expériences de lumière comme dans l'hésychasme. De plus, les soufis parlent généralement de visions et de leur possibilité d'aller en esprit dans le monde des images suspendues ou imaginal. Ils insistent donc plus sur le côté visuel que sur l'aspect émotionnel ou amoureux.

Dans toutes les autres voies, il n'y a plus de rencontre d'un Dieu personnel : la Réalité Ultime est autre. Mais déjà Maître Eckhart avait suivi cette évolution. Parti d'un Dieu personnel, il avait trouvé ce qu'il préférait nommer *Gotheit* (la divinité), ce qui est plus impersonnel. Puis, il ne parle plus que de *Grund* (le fond) ou même d'*Urgrund,* de désert, d'abîme supra-substantiel, de réalité imperscrutable.

Le bouddhisme tibétain occupe une position intermédiaire. Il peut y avoir un rapport affectif avec le « dieu personnel » ou divinité d'élection : l'Ydam. Mais l'on sait qu'il est produit par la force de l'imagination créatrice. Par la suite, on tentera de le résorber pour bien se convaincre que toutes les formes émanent de l'Esprit. Les élans mystiques sont donc assez réduits au profit des visualisations et des contemplations. L'équivalent de l'extase est dans la réalisation de l'Ultime Réalité : la Vacuité ou nature de Bouddha. Cela apparaît beaucoup plus comme un phénomène de conscience que d'affectivité qui est réduite au sentiment de compassion universelle. Prajna, la sagesse est dans la résolution de la conscience individuelle dans la Conscience Universelle.

Dans cet ensemble le Zen semble une voie assez

particulière en ce qu'il se présente comme une pure et simple psychologie. Le culte et l'affectivité y sont réduits au minimum, et l'on part à la recherche de son esprit. L'expérience ultime du Satori est décrite comme une attitude d'éveil et de vigilance, qui confère la rapidité des réflexes dans la détente par participation au Mental cosmique (Esprit inconscient et universel). L'essentiel est d'être présent au présent. « Si vous ne parvenez pas à trouver la réalité là où vous vous trouvez, où espérez-vous donc la trouver ? » demande Sengaki. C'est par conséquent, une méthode directe pour saisir l'impermanence universelle pendant qu'elle s'écoule et non après. Le Satori ou Sambohi ou Abhisamoya (Illumination) est l'état de conscience où la Noble Sagesse réalise sa propre nature intérieure. Ceci se fait par un retournement intérieur, une volte-face, où l'esprit humain passe sur l'autre versant, celui du non-mental. L'expérience est instantanée, soudaine et immédiate : la voie abrupte permet de se trouver au-delà des oppositions en un instant. Aucun pouvoir, ni aucun miracle n'accompagnent cette expérience. Aussi le moine zen a-t-il la difficulté d'en reconnaître et d'en faire reconnaître le caractère absolu et est-il amené à faire authentifier le Satori par un autre maître zen.

L'analyse, que donnent les Hindous du Samadhi du yoga, offre la compréhension et la description la plus riche. L'expérience ultime est décrite selon quatre aspects. Elle est d'abord l'éveil (le Bouddha est l'Éveillé). On se réveille à un autre niveau de conscience, comme on se réveille le matin du sommeil. Ceci paraît donc lié à une expansion de conscience. On parle aussi d'Illumination, car la part de lumière est particulièrement importante. La nature de l'énergie cosmique est ressentie sous forme de lumière et l'on est entouré par cette lumière brillante qui n'éblouit pas.

Mais il s'agit aussi d'une Réalisation, car, l'on se réalise dans sa vraie nature. Le grain de sel se découvre océan et l'homme Conscience cosmique. Il a réalisé son être dans sa totale plénitude. Mais c'est aussi la réalisation du Soi, avec la double compréhension que l'on est à la fois créature créante et créateur créé. Enfin, les Hindous parlent de Libération (moksha). On se libère d'abord de l'illusion du monde (la maya) et l'on ne voit plus l'énergie créatrice (Brahman ou Shakti) comme un théâtre de matière morte et inerte, mais comme sous-tendu par l'énergie et la vie, comme une corde qui vibre trop vite paraît immobile. On se libère aussi du temps, qui paraît s'arrêter et on lui échappe. Et surtout on se libère du cycle sans fin des renaissances (samsara) on est le jivan-mukti, le libéré vivant, celui qui ne renaîtra plus.

À la lumière de ces comparaisons, il convient maintenant de déterminer, avec plus de précision possible, ce qu'est l'extase en elle-même.

CHAPITRE XIII

L'EXTASE

A. Les noms de l'extase

Le mot extase est la francisation du terme grec *exstasis* qui signifie sortir de soi. C'est un changement d'état, un autre état de l'âme. Le terme vient des philosohes néo-platoniciens et en particulier de Plotin, qui selon son biographe Porphyre, aurait eu trois extases. Dans l'extase, on est tiré hors de soi et uni à son principe. La traduction latine est *excessus mentis*, transport de l'esprit. La conscience sort du corps pour s'unir à la conscience divine. Cela entre donc dans la catégorie moderne des ÉNOC, états non-ordinaires de conscience. On est hors de soi, car l'on est entré dans le Soi, on a retrouvé sa véritable nature. Populairement, on appelait cela « être ravi », ce ravissement de l'esprit permettait « d'être aux anges ».

Ce type d'expérience est le sommet et le but de toutes les religions ; elles ne sont là que pour permettre et faciliter cet état qu'est la fusion avec le divin. C'est ce qu'ont réalisé tous les grands mystiques de toutes les religions. Par conséquent, l'extase a de nombreux noms, chaque religion lui ayant donné le sien. C'est le Royaume de Dieu ou le Royaume Céleste dont parle sans cesse Jésus. Mais il avait beau dire que ce royaume n'est pas de ce monde, qu'il est à l'intérieur de nous, les chrétiens ont compris que c'était un nouveau royaume à installer sur la terre et se sont lancés dans l'aventure temporelle et non spirituelle. Ceux cependant qui sont arrivés à le trouver au fil des siècles l'ont nommé : expérience mystique, vie unitive, mariage mystique, union à Dieu. On a parlé aussi d'Illumination, car l'expérience commence souvent par une entrée dans la lumière. Lors de la transfiguration de Jésus sur le mont Thabor, Pierre, Jean et Jacques qui y assistaient, furent ravis en extase et ne voulaient plus quitter ce lieu. Le yoga le nomme samadhi et le zen, satori. Dans le bouddhisme on parle aussi de découvrir son Visage originel, retrouver sa nature de Bouddha, faire l'expérience de la Vacuité ou Nirvana. Actuellement, dans le Transpersonnel on parle plutôt d'expansion de conscience ou de Conscience Cosmique.

Mircea Eliade, qui a longuement étudié cette expérience, propose à la place du terme extase celui d'enstase. La sortie hors du corps, le transport hors de soi, le ravissement conviennent lorsqu'on s'adresse à un Dieu extérieur et supposé très lointain. Mais si l'on pense plutôt à sa vraie nature, il ne s'agit plus d'une sortie, mais d'une entrée au plus profond de soi. C'est l'expérience de Maître Eckhart, en cherchant Dieu au loin, il le trouve au fond de lui comme son fondement (Grund) le plus essentiel. Mais Augustin parlait déjà d'*interior intimo meo*, ce qu'il y a de plus intérieur dans l'intimité de moi-même.

Il faut différencier l'extase de la transe, qui est en fait son opposé. La transe est caractérisée par une perte de conscience. Dans la transe chamanique, le corps peut accomplir toute une série d'actes, mais c'est une autre personnalité qui a pris la place de la conscience individuelle. Pendant la transe l'individu est un autre et il ne se souvient plus de ce qu'il est et de son passé. De plus, lors de son retour à son état de conscience habituel, il ne se souvient pas du tout de ce qu'il a fait pendant la transe. Dans le Vaudou, on dit qu'il a été chevauché par un esprit ou une divinité. Pour les spirites, c'est l'esprit d'un mort qui habite le corps du médium et le fait parler et agir. Les chanels se disent le canal d'une entité. Au Tibet il existait de nombreux oracles qui entraient en transe pour prédire l'avenir. Les descriptions qu'en donne en particulier le lama Anagarika Govinda, insistent sur cette rupture de conscience qui s'accompagne alors d'une totale transformation du corps qui prend l'expression et l'apparence des statues représentant ces esprits autochtones. Au contraire, dans l'extase il n'y a pas dépersonnalisation mais accomplissement de sa personne et l'on se souvient de cette expérience, dont on garde bien souvent la nostalgie sa vie durant.

Il existe une caricature de l'extase chez les hystériques, dans les délires mystiques et chez les faux mystiques. Lors de la culture de l'hystérie avec Charcot et son école, ces états ont été très étudiés et photographiés. Les hystériques, dans leur capacité prodigieuse de copie et de reproduction mimétique, mimaient les extases religieuses pour se rendre intéressantes. Et par leur faculté de somatisation elles arrivaient à rendre leur corps insensible comme dans l'hypnose en phase de catalepsie. Mais comme ce n'était qu'une copie, leur personnalité n'en était pas transformée et elles restaient ce qu'elles étaient, sans aucune facilité vers le Bien. Et l'on sait depuis longtemps qu'il faut juger l'arbre à ses fruits et l'extase à ce qu'elle apporte.

Parmi tous ces noms de l'expérience suprême que proposent les religions, nous avons choisi celui d'extase comme étant le plus général, le plus compréhensible et le plus exaltant. Mais il faut bien dire que l'extase insiste sur les sentiments : la félicité, la béatitude, la joie parfaite, le bonheur suprême. C'est aussi le terme de tous les mystiques. Mais ceux-ci se trouvent surtout parmi les juifs, les chrétiens, les soufis et les Hindous. Il y a eu peu de mystiques chez les protestants, à part Georges Fox, ou dans le bouddhisme avec Milarépa, le courant de l'Amidisme et du Shingon ou du culte de Kwan Yin. Il semble bien qu'il y ait un lien entre l'extase et l'énergie sexuelle. Celle-ci est retenue par une longue continence et apprend à se déverser dans le corps et à se transmuer en une forme spirituelle d'expérience sublime. Quelques cas semblent montrer cependant que l'on peut avoir une extase sans célibat et continence. C'est d'ailleurs ce que cherche à développer la forme moderne. Dans les autres voies l'expérience suprême ne peut être appelée extase. Par exemple, le satori que décrit le zen semble être une expérience purement intellectuelle de saisie instantanée de ce qu'est l'esprit producteur des idées. Les autres bouddhistes se méfient aussi des apparitions du Bouddha et n'ont pas de dialogue amoureux avec lui. Pour eux l'expérience suprême du Nirvana se fait dans la cessation des désirs (impassibilité, imperturbabilité ou équanimité) et dans l'entrée de l'esprit dans la Vacuité qui est la nature de Bouddha.

B. Description

L'extase peut être décrite de l'extérieur et de l'intérieur.

De l'extérieur on définit l'extase par une abolition de la motricité et de la sensibilité, un ralentissement des fonctions vitales et une expression de joie sublime. Immobile, inaccessible et transfiguré, ainsi apparaît le corps de celui qui a une extase. Il ne communique plus avec le monde et les humains, et semble, par la force de sa concentration, avoir réussi à stopper les sensations pour ne plus être dérangé par le monde extérieur. Des expériences scientifiques ont pu montrer que l'ancienneté dans la pratique de la méditation permettait de stopper la transmission de l'influx nerveux de plus en plus tôt le long du nerf sensoriel et en tout cas, d'empêcher son arrivée dans la zone du cerveau correspondante. Par conséquent, la personne en extase s'immobilise. C'est le caractère le plus remarquable pour les observateurs extérieurs : elle se transforme en statue. C'est ce qui arrivait couramment à Ramakrishna (1834-1886), le grand mystique de l'Inde, qui avait de petits samadhis où il riait et pleurait à la fois et de grands samadhis où il restait complètement immobile pendant plusieurs jours. Récemment, un cas de mahasamadhi a pu être observé et photographié par des Européens. Swami Yogeshwarananda enseignait à Pahalgam au Cachemire jusqu'à sa mort en 1985. Il avait organisé l'entrée en nirvikalpa-samadhi d'une de ses disciples. Cette jeune femme de vingt-huit ans, est restée du 20 au 30 octobre 1983 dans la posture du lotus, sans bouger d'un millimètre, pendant dix jours, sans manger et boire et sans aller aux W.C. On peut toujours contester qu'elle ait vue la lumière éternelle qui brille dans l'état de béatitude et qu'elle ait vécu l'Univers comme son propre corps, mais il est indéniable que pendant dix jours elle n'ait pas bougé un cil, alors qu'à côté, les autres disciples pratiquaient le sacrifice du feu avec les chants védiques.

L'individu en extase pratique un détachement des sens qui lui fait rompre toute communication avec l'environnement. Il est là et il n'est pas là. Il est là, mais il ne répond pas, profondément absorbé en lui-même. On ne peut pas communiquer avec lui et il n'est pas mort, ni dans le coma. L'évanouissement et le coma sont, en effet, les comparaisons que font les médecins. Mais s'il y a bien abolition de la sensibilité et de la motricité, il y a aussi dans ces deux cas abolition de la conscience. Il n'y a aucune expérience de l'esprit ou spirituelle et, quand on en ressort, on n'a rien à raconter, car l'on ne se souvient de rien. Dans l'extase, si les fonctions vitales sont ralenties, comme dans la méditation, il existe une intense vie intérieure.

On a voulu expliquer l'extase par des phénomènes psycho-physiologiques. Récemment, on a beaucoup parlé de la « pilule de l'extase », le P.E.A. ou phényléthylamine. Et l'on a retrouvé cette « molécule de l'amour » jusque dans le chocolat, qui serait lié aux états amoureux. Mais il ne faut pas confondre un facilitateur et une cause. Par contre, il est certain que l'extase ne peut pas se produire, se prolonger et se répéter sans engendrer des modifications corporelles. On est donc en droit de penser qu'elle est liée à la sécrétion des morphines naturelles par le cerveau, les endorphines et les enképalines que l'on vient de découvrir.

La description de l'intérieur de l'extase est certes moins facile. La première chose que commencent à en dire ceux qui l'ont vécue c'est qu'elle est ineffable. L'essentiel de l'expérience ne peut être dit, car il n'entre pas dans les mots humains. Ceux-ci sont en effet une description extérieure des objets externes ou internes alors que l'extase en permet justement une saisie directe par coïncidence. Comme l'écrit Boutroux « c'est une union parfaite, dans laquelle l'âme se sent exister pleinement, par cela même qu'elle se donne et se renonce, car celui à qui elle se donne est l'être et la vie elle-même ». Ce caractère incommunicable n'empêche par les mystiques d'essayer d'en parler, et même, et par conséquent, d'écrire très longuement à ce sujet.

L'extase ou l'expérience mystique a en effet la particularité d'être un état qui n'est pas formé d'idées mais de saisie intuitive directe par participation. Les penseurs et philosophes occidentaux (Platon, Plotin, Descartes, Malebranche, Spinoza, Kant, Bergson...) ont toujours retenu cette possibilité. Spinoza a en particulier admis, au-dessus de la connaissance par ouï-dire et de la connaissance intellectuelle, une connaissance du troisième genre : la *scientia intuitiva*. Elle est plus proche du sentiment que de la pensée, et bien d'autres philosophes ont admis que l'amour était la plus haute forme de connaissance. La pratique de la méditation en fait comprendre les étapes : d'abord s'établit un recueillement, puis vient une absorption. Il s'agit, dira la psychologie, d'une attention extrême tel que l'esprit étant absorbé par un thème se met à fonctionner autrement. À un moment se produit un ralentissement du défilé des idées et des images dans l'esprit puis un arrêt. Stopper le mental, c'est cela. On dit que la pensée s'arrête, mais c'est inexact. On ne peut pas dire qu'on ne pense plus, mais on pense autrement. Cet état est donc appelé l'état de vide, car effectivement, l'esprit est vide d'idées. Mais le cœur prend sa place et l'aspect émotif est très important. Soudain un sentiment de bonheur, de complétude, de joie, de plénitude envahit l'être tout entier, corps et âme.

Les chrétiens maintiennent fermement dans cet état leur dogme de la transcendance divine et donc la persistance de deux êtres distincts. Aussi Maître Eckhart a-t-il été obligé de concéder une distinction et de dire que l'on « devenait par grâce ce que Dieu est par nature ». Mais pour les Orientaux, il n'y a plus qu'un seul être. L'égo s'étant évanoui, seul Dieu subsiste. On n'est pas autre que Lui. La conscience individuelle s'est fondue dans la Conscience universelle comme l'étincelle retourne dans le feu ou comme la vague se résorbe dans l'océan. Et pour les Hindous ceci est encore sensible dans le monde. On en a acquis l'Omniscience et la Toute-Puissance. Cette connaissance profonde par l'intérieur, cette science intuitive de l'essentiel donnent la compréhension de tous les textes sacrés et la lumière du cœur qui permet de saisir les pensées et sentiments des autres. De plus, par là, on obtient la toute-puissance sur la nature, d'où tous les miracles et prodiges dont on parle. On trouve dans « Métanoïa » d'Aimé Michel, un relevé de tous ces phénomènes physiques qui accompagnent l'extase : lévitation, télépathie, stigmates... Mais pour les Orientaux il est dangereux de faire l'étalage de ses pouvoirs et on ne peut les utiliser que lorsqu'ils sont indispensables, c'est-à-dire le plus rarement possible.

C. Les témoignages

La forme la plus répandue de l'extase est le ravissement esthétique. Quel est celui qui n'a pas été saisi par la beauté d'un paysage, de l'océan, des montagnes ou d'une œuvre d'art, au point d'être ravi et de se laisser glisser dans une contemplation ininterrompue et pour certains, de s'arrêter de penser et de s'unir à ce spectacle ? Les poètes, les Romantiques et bien des écrivains ont décrit ces instants d'éternité où l'âme se fond dans ce qu'elle contemple et ne fait plus qu'un avec lui. Rousseau en a donné une célèbre description dans *Les Rêveries du promeneur solitaire* en contemplant le lac de Bienne « là le bruit des vagues et l'agitation de l'eau fixant mes sens et chassant de mon âme toute autre agitation la plongeaient dans une rêverie délicieuse où la nuit me surprenait souvent sans que je m'en fusse aperçu. Le flux et le reflux de cette eau, son bruit continu mais renflé par intervalles, frappant sans relâche mon oreille et mes yeux suppléaient aux mouvements internes que la rêverie éteignait en moi et suffisait pour me faire sentir avec plaisir mon existence, sans prendre la peine de penser ». Dans cette description naïve d'un non-spécialiste, on voit combien les éléments sont finement observés. D'abord vient la concentration, puis le calme des émotions et des passions alors que le processus mental peut se ralentir. L'extase est notée avec l'absence de pensée, la perte de la notion du temps et la découverte de son être. Plus loin Rousseau note combien son esprit se fondait dans l'esprit divin.

Un autre exemple d'extase provoquée par un spectacle naturel est donné par un enfant qui voit l'océan pour la première fois de sa vie à sept ans « ...Et là il vit l'océan Atlantique. Pour la première fois de sa vie. Le choc fut tel qu'il se statufia et resta debout, immobile pendant plus d'une demi-heure. Il était terrassé par la présence de l'Infini. Il n'était plus lui. Son moi s'était dissous. Par son amour il était uni à l'Infini et vivait l'expérience intérieure. Les énormes vagues, qui déferlaient sans cesse et se renouvelaient, tout en n'étant que des parties de l'océan, lui faisaient vivre la dialectique de l'Un et du Multiple, de l'Apparence et de la Réalité. Il restait sourd aux appels et supplications de ses parents qui lui demandaient de ne pas rester là, planté en plein soleil, et de venir se baigner. Quel besoin avait-il d'aller se tremper dans l'océan ? Il était l'océan mobile et immobile et le jeu sans cesse recommencé des formes qui surgissent du vide pour s'y dissoudre à nouveau et pouvoir en renaître ». Bien d'autres, dans de multiples occasions, ont pu ainsi se statufier, sentir le temps et la pensée s'arrêter, le spectateur se dissoudre dans le spectacle et l'infini transparaître dans le réel.

Semblablement, la méditation est la technique de production de l'extase. L'immobilité du corps, le ralentissement de la respiration, la réduction des sensations avec les yeux fermés et la concentration en préparent la venue ; non qu'elle apparaisse à chaque séance, mais elle se produit de temps en temps à cette occasion. Et tous ceux qui ont réellement appris à « méditer » dans une voie exacte avec un bon guide ont connu cette expérience de l'extase. C'est pour cela que la méditation devient leur pratique la plus précieuse et qu'ils ne manquent pas de la réaliser une ou plusieurs fois par jour. Il n'est pas besoin d'être un saint célèbre pour ses extases, combien de personnes humbles et effacées ont actuellement couramment des extases. Voici deux exemples tirés d'un article anonyme paru dans *Le Maître spirituel* (Hermès). « J'étais demeuré dans un profond recueillement, au milieu des conversations et des allées et venues d'une quinzaine de personnes. Soudain, je fus ravi au monde sensible habituel, comme à la quiétude de l'oraison et projeté à trois reprises dans un foyer de lumière resplendissant qui tournoyait lentement sur lui-même... Après un long moment, je revins à moi, le cœur pantelant, la tête brûlante, les membres glacés. Le Maître était venu s'asseoir auprès de moi. La paix vibrante de sa présence se mêlait à la joie aiguë, presque stridente, qui, en vagues successives, jaillissait d'un tréfonds jamais encore dévoilé. Pendant tout l'après-midi, je restai en retrait du monde sous l'influence de ce que je venais de vivre. Le soir je retombai dans la ronde des contradictions et des idées reçues ». Là aussi, en plus de la joie exaltante, sont notés l'arrêt du processus mental habituel et les manifestations physiologiques. « Une semaine plus tard, au cours d'une méditation, je reçus une nouvelle révélation bouleversante. Spontanément, j'émergeais d'un profond recueillement, j'ouvrais les yeux tout grands, lorsque je vis la salle et ses statues s'estomper dans la grisaille. Je perçus alors un flux de joie et d'amour qui me submergeait, puis tourbillonnait alentour dense et majestueux. Mon corps tout entier vibrait à l'unisson de ce grand courant déchaîné, que je ressentais par secousses successives, de manière aiguë, presque douloureuse. Mon cœur pantelant en était exténué. Je ne sais combien de temps cela dura ; le monde habituel s'était effacé. Enfin, une grande douceur paisible m'envahit, je repris mes esprits... ». Ces descriptions contemporaines nous transmettent avec beaucoup d'exactitude ce qu'est l'extase. C'est une expérience qui n'est pas hors de la portée de chacun.

On comprend par là combien l'extase surpasse infiniment le plaisir sexuel et l'orgasme, qui n'en sont qu'une forme dévaluée. Mais ils en sont le rappel. Cette comparaison peut paraître déplacée à certains mais elle n'est pas sacrilège, car elle a déjà été faite il y a des millénaires dans la littérature sacrée de l'Inde : « Comme un homme dans les bras d'une femme aimée ne sait plus rien du dehors, rien du dedans, de même ce personnage embrassé par l'Atman, ne sait plus rien du dehors ni du dedans. C'est pour lui la condition bienheureuse où tout désir est comblé, où il n'est de désir que de l'Atman, où il n'y a plus de désir. » (Brihad-Aranyaka-Upanishad, 4,3,21.) La société actuelle, depuis la libération sexuelle, s'est ruée dans la voie du plaisir. C'est la forme la plus sensible et grossière, mais elle indique quelque chose d'autre et le besoin d'un dépassement, comme l'expérience de la drogue d'ailleurs. Dans ces formes dévaluées de l'extase on peut se perdre, mais il faut les comprendre comme un symbole et un témoignage. Nous sommes tous tellement fatigués de nos processus habituels de pensée et de notre niveau terre-à-terre de conscience. Or, justement, dans le plaisir sexuel on oublie tout et dans l'orgasme, pendant quelque dixièmes de seconde, on oublie même de penser à soi et la conscience s'arrête. C'est alors qu'il serait possible de changer de plan de conscience, mais cet instant d'arrêt est infiniment précieux et c'est ce que toute l'humanité recherche avec frénésie sans s'en rendre compte. Pourtant, dans cette inconscience même, cela témoigne de ce besoin d'arrêter nos processus mentaux pour se reposer dans l'océan de paix infinie. Le sexe, la drogue, l'alcool, les machines compliquées de la foire... sont les seuls moyens qu'a trouvé l'humanité pour s'oublier un instant. Malgré leurs dangers, il faut savoir y reconnaître la nostalgie de l'extase, cet avant-goût du bonheur absolu. Le plaisir sexuel est donc, à la fois à l'opposé et très proche. Nous en avons la preuve dans le fait que les anciens mystiques ne pouvaient pas trouver d'autre comparaison et ont toujours décrit cette expérience incomparable en termes amoureux.

C'est ainsi que les mystiques chrétiens ont fréquemment parlé de leurs extases, même s'ils se contentent plus de les noter que de les décrire. Cependant Thérèse d'Avila a cherché à distinguer la contemplation, l'oraison et la vision. Sa première vision eut lieu en 1558, le jour de la fête du glorieux saint Pierre. « Il était là, constamment à mon côté droit, je le sentais bien et demeurait témoin de tout ce que je faisais ». Et ce n'était pas du tout un sentiment de présence comme certains en ressentent « notamment ceux qui pratiquent l'oraison d'union et de quiétude ». La différence est la totale passivité humaine, nous ne faisons rien, tout vient du Seigneur « Il arrive rarement, et c'est pour peu de temps, que nos facultés et nos sens restent en suspens : en règle générale, il me semble que dans leur action ils restent parfaitement libres. Cette espèce de vision, en effet, n'advient pas toujours pendant la contemplation, elle n'a même lieu qu'en des cas très rares ».

Les extases n'ont pas manqué tout au long de l'école mystique rhénane de 1100 à 1800. « Mon cœur est touché, mon âme brûle comme couronnée de flammes », écrit Hildegarde de Bingen. « Je m'arrache au tumulte du monde extérieur et m'abandonne à Toi, et le torrent de tes grâces reflue en moi », dit Gertrude de Hefta, qui en restait écrasée et hébétée, avant qu'il ne le lui distille goutte à goutte. Enfin Maître Eckhart a longuement cherché à décrire cette expérience sublime. « La pensée ne reste pas au repos tant que Dieu ne se manifeste pas à travers elle pour arriver à trouver son insondabilité. Plus l'âme est dans la vacuité et la nudité, mieux elle est saisie par Dieu, Il est dans l'âme une puissance qui n'est liée à rien, Dieu s'y trouve totalement. Si l'homme arrive à y pénétrer, il ressent une joie profonde et une grandeur innommable. En un seul instant, il est uni à Dieu. Dans le présent éternel, la splendeur divine, il est dans une seule et même lumière avec Dieu, avec une joie et des délices tels que nul ne peut en témoigner en termes suffisants ». Mais comme Thérèse d'Avila, Maître Eckhart précise bien qu'il ne faut pas rechercher l'extase et les consolations pour elles-mêmes : « Mais jouir de Dieu et le rechercher pour cela, c'est envelopper sa tête dans un manteau et la mettre sous un banc ».

Henri Suso eut aussi de nombreuses extases. Une fois, le jour de la sainte Agnès, il fut ravi en extase « Était-ce le jour ou était-ce la nuit, il ne le savait point. Mais un flot de douceur s'épanchait de la vie éternelle dans le paisible silence des sensations du moment. Cette extase infinie dura bien une heure ou une heure et demie ; si son âme resta dans son corps ou si elle se sépara de son corps, il n'en sut rien. Lorsqu'il reprit ses sens, il était comme un homme qui revient d'un autre monde ». Rulman Merswin reçut l'ordre de décrire son extase, mais ne pouvant écrire un seul mot, il demanda à Dieu de le lui dicter. « Dès que l'homme eut renoncé à soi-même, les portes de sa propre origine se sont ouvertes à lui et c'est alors qu'il pût, un bref instant, la contempler. Quand cette vision eut disparu, il se sentait au fond de l'âme si plein de joie et de lumière qu'il manqua défaillir et perdre la mémoire des choses temporelles. Revenu à lui, sa jouissance et son illumination intérieures étaient si indicibles et si vastes que tout son être intérieur fut pris d'un tremblement. Il se prit à réfléchir en quel lieu il se trouvait, et comment il se faisait qu'une pareille joie eût envahi son corps et son âme ».

Il n'est pas possible ici de simplement aborder les cas des si nombreux extatiques chrétiens : Marie-Madeleine de Pazzi (1565-1607), François Xavier, Pierre d'Alcantara, Stephana Quinzani, Maria Villani, Veronica Laparelli (1537-1620), Joseph de Copertino (1603-1663)... Marie-Madeleine de Pazzi, comme Ramakrishna, avait des extases si fréquentes qu'elles pouvaient survenir par exemple quand elle mangeait et qu'elle pouvait rester des heures statufiée la bouche ouverte et son morceau de pain dans la main tendue, perdue dans l'extase divine. Mais tous ces chrétiens n'utilisaient leur corps que pour le persécuter par des jeûnes, silences, cilices, flagellations ou n'utilisaient des techniques corporelles que sans s'en rendre compte.

Les mystiques soufis musulmans apportent aussi de très nombreux témoignages d'extase. On peut même considérer que le terme d'extase, pour nommer cet état supérieur de méditation, convient le mieux au soufisme. Il s'agit pour les soufis de se fondre dans la Beauté et la Majesté de l'Unique et ceci est évoqué par la quête amoureuse où l'amant poursuit le Bien-Aimé jusqu'à ce qu'il découvre qu'ils ne font qu'un. Le voyage vers Dieu devient un voyage à travers Dieu dans l'extase. Les fidèles d'amour (futuwwat ou fidei d'amora selon Dante) se partagent dans la voie de l'ivresse (sukr) ou celle de la sobriété (sahw). Abû Yazid Bastami, le grand mystique khorassanien, fondateur de l'école extatique soufie, est le maître de l'ivresse : le mystique ivre de Dieu ne vit plus qu'en lui et ne s'occupe pas des contingences humaines. Ne respectant plus les conventions, il se fait remarquer par le fait qu'il est constamment perdu en Dieu. Il vit l'extase au long de ses jours et de ses nuits. Pour les soufis de la sobriété, l'ivresse de l'extase n'est que le début de l'union mystique de l'Unicité. L'aspect extérieur du monde est encore le voile du divin pour le commun des mortels, pour l'ivresse mystique, au contraire, l'aspect intérieur de Dieu voile le monde phénoménal des choses créées, mais dans la sobriété il n'y a plus aucun voile et le soufi, uni à Dieu dans la sobriété, le voit aussi bien dans son aspect intérieur avec la beauté de l'Essence divine que dans son aspect extérieur, le monde qui manifeste sa beauté et sa présence, son attribut extérieur. Ansâri a même détaillé les étapes du voyage en dix portes où se répartissent les cent noms de Dieu. D'abord, vient l'éveil, la consécration à Dieu, la soumission totale, la pratique des vertus, et la voie passive, puis arrivent la vallée de la quiétude et les états mystiques, après se situent la submersion, l'ivresse et l'unification. Au début, il s'agit d'une descente (hâl) de l'amour divin qui est un état non permanent, puis vient l'état spirituel (waqt) où par une rencontre on ne laisse plus échapper l'instant, enfin s'établit la stabilité (tamkin). Ceci s'installe par un va-et-vient constant du mystique à travers les couples d'opposés ou stations spirituelles : resserrement/dilatation, union/séparation, sobriété/ivresse, anéantissement/subsistance, présence/absence. Ce n'est qu'après les avoir traversées et transcendées que peut s'établir l'Union de l'Union (jam'al-jam). Il faut adorer Dieu, comme si on le voyait, car si on ne le voit pas, Lui nous voit.

Pour les soufis l'extase se manifeste assez souvent sous forme de vision ou d'expérience de Lumière. « Certaine nuit, après m'être acquitté de la prière et des récitations liturgiques prévues pour les heures nocturnes, je continuai à méditer. Et voici qu'extatiquement absorbé, j'eus une vision... Je vis que la totalité de l'univers, dans la structure qu'il présente, consiste en lumière... Lorsque j'eus perçu visionnairement cet état, une ivresse et une exaltation, un désir et une délectation extraordinaires se firent jour en moi-même. Je voulus m'envoler dans les airs... Puis revenant de cet état et de cette absence, je me retrouvai présent » (Shamsoddin).

Baqli de Shiraz a longuement parlé de ses visions extatiques : « Cette fois il m'apparut dans ma vision que j'étais en la montagne de l'Orient, et je voyais là tout un groupe d'anges. De l'Orient à l'Occident il y avait une vaste mer, et je ne voyais rien d'autre. Alors les anges me dirent...» De même Sohravardi vit l'Archange empourpré, celui de la race humaine, qui a la couleur du soleil de l'aurore. Et ses extases sont racontées dans le livre des Temples de la lumière, le *Vade-mecum* des Fidèles d'amour ou le livre du Rayon de Lumière.

Ibn 'Arabi, le très grand maître, a comme lui, voyagé en extase dans le monde des images suspendues (alam al-Mithâl) ou l'imaginal. « Cette puissance de l'imagination active atteignit chez moi un degré tel qu'elle me représente visuellement mon Aimé mystique sous une forme corporelle et objective, extramentale... Et je ne me sentais pas tout d'abord la force de regarder vers cette forme. Elle m'adressait la parole. Je l'écoutais et je la comprenais. Ces apparitions me laissaient dans un tel état que durant de longs jours je ne pouvais absorber aucune nourriture ».

Les poésies mystiques de Rûmî sont parmi les plus belles qui existent :

« Tel un faucon qui saisit un oiseau lors de la chasse,
Elle me ravit et m'emporta en haut des cieux...
Le Roi de la pensée sans trouble en dansant s'en est allé
vers l'autre pays, le pays de la Lumière...
L'oiseau de la vision s'envole vers Toi avec les ailes du désir...
L'amour est cette flamme qui, lorsqu'elle s'élève, brûle tout :
Dieu seul reste...
L'amour est venu et il est comme le sang dans mes veines et ma peau
Il m'a anéanti et rempli du Bien-Aimé.
Le Bien-Aimé a pénétré toutes les parcelles de mon corps
De moi il ne reste plus qu'un nom, tout le reste est Lui... »

Les soufis parlent très souvent d'extase dans la lumière et Najmoddin Kobra explique l'universalité de cette vision : « Lorsque le cercle de ton visage est devenu pur, il effuse des lumières comme une source répandant son eau, de sorte que le mystique a la perception de ces lumières qu'irradie son visage. Ce jaillissement se produit entre les deux yeux et entre les deux sourcils. Puis il finit par recouvrir tout le visage. À ce moment-là il y a devant toi... un autre visage... En réalité ce Visage est ton propre visage et ce soleil est le soleil de l'Esprit qui va-et-vient dans ton corps. Ensuite la pureté submerge l'ensemble de ta personne et voici que tu contemples devant toi une personne de lumière, laquelle irradie également des lumières... C'est cette personne de lumière devant toi qui est désignée, dans la terminologie du soufisme, comme le Guide suprasensible ».

Semblablement, on trouve chez les Hindous bien des récits d'extase liée à l'Illumination. Tukaram (1598-1650), l'auteur des *Psaumes du pèlerin* la décrit ainsi : « L'amour est don de Dieu, qui détruit en moi l'illusion d'être un corps : mon esprit ainsi purifié perd conscience du temps et du lieu. Lorsque, par la grâce de mon Guru, shri Babaji, je perçus le Soi conscient, extrêmement subtil et lumineux, différent des lumières rouge, blanche, noire et jaune, le fluide de la conscience purifia ma vue ».

Gopi Krishna décrit une montée de la lumière intérieure qui provoque une expansion illimitée de conscience : « Brusquement, avec un rugissement semblable à celui d'une cataracte, je sentis un flot de lumière liquide envahissant mon cerveau par la colonne vertébrale... L'illumination se fit de plus en plus éclatante, le rugissement plus fort, j'eus une sensation d'oscillation, entièrement enveloppé d'un halo de lumière... Je sentis le point de conscience qui était mon moi s'élargir de plus en plus, entouré par des vagues de lumière... J'étais maintenant intégralement conscience, sans aucun contour, sans la moindre idée d'un ajout corporel, sans le moindre sentiment de sensation venant des sens, immergé dans un océan de lumière simultanément conscient et pleinement présent en chaque point, répandu, pour ainsi dire, dans toutes les directions sans la moindre barrière ni le moindre obstacle matériel. Je n'étais plus moi-même tel que je me connaissais auparavant, un petit coin de conscience confiné dans un corps, mais au lieu de cela j'étais un vaste cercle de conscience dans lequel le corps n'était qu'un point, baigné dans la lumière et dans un état d'exaltation et de bonheur impossible à décrire ».

Cette description est tellement proche de celle faite par Râmakrishna (1834-1886) qu'elle pourrait paraître prototypique de l'Inde, s'il n'y avait celle de Mère d'Aurobindo : « Et tout d'un coup, voici que la scène tout entière (les portes, les fenêtres, le temple lui-même) s'évanouit ! On aurait dit que plus rien de tout cela n'existait. À la place je vis un océan de conscience, illimité, étincelant. Dans quelque direction que je me tourne de grandes vagues de lumière s'élevaient. Elles déferlèrent sur moi avec un mugissement puissant, comme si elles allaient m'engloutir. En un instant elles furent sur moi. Elles me submergèrent, elles m'engouffrèrent. J'eus la respiration coupée, perdis connaissance et tombai à terre, complètement perdu dans l'océan de la vision. J'étais totalement inconscient du monde extérieur. Comment je passais ce jour et le jour suivant, je ne puis le dire. La seule chose que je percevais intérieurement était qu'à travers mon âme tourbillonnait un océan d'ineffable joie, d'une joie telle que jamais auparavant je n'avais eu d'expérience similaire ».

Une première *catégorisation des extases* serait de distinguer des types métaphysiques, divins, d'Illumination, du Rien et de la Joie.

1. L'extase métaphysique part de l'approfondissement d'une pensée philosophique comme celle citée de Durckheim ou celle du vide de Geneviève Lanfranchi (Vivre en vacuité *in Le Vide,* Hermès 2). Par contre, les expériences métaphysiques, attribuées par Sartre à

son personnage Rocquentin, ne sont pas des extases, puisqu'elles n'aboutissent qu'à la nausée.

2. Les apparitions divines oscillent entre la rencontre d'une personne pour beaucoup d'extatiques et le dépassement d'un Dieu personnel chez les grands mystiques. L'expérience de John Lilly évoque les récits de ceux qui ont frôlé la mort : « Je suis un seul point de conscience, de sensation, de connaissance. Je sais que je suis... Je suis juste moi. Complet avec amour, chaleur, rayonnement. Soudain à distance apparaissent deux points sembables de conscience, sources de rayonnement, d'amour, de chaleur... Comme ils s'approchent de plus près, je sens de moins en moins de moi et de plus en plus d'eux dans mon être. Ils s'arrêtent à une distance critique. S'ils s'approchaient plus, ils m'accableraient et je me perdrais comme entité cognitive, me fondant en eux ». Et justement, Maître Eckhart revient sans cesse sur ce paradoxe de la libération de la notion de Dieu : « Le dessein bien arrêté de Dieu, c'est que l'âme perde Dieu. En effet, tant que l'âme a encore un Dieu, connaît un Dieu, a la moindre notion d'un Dieu, elle est encore éloignée de Dieu. C'est pourquoi c'est le désir formel de Dieu de s'anéantir Lui-même dans l'âme afin que l'âme se perde elle-même ».

3. L'Illumination n'est plus la rencontre d'un Dieu personnel, mais celle d'une autre réalité que l'on perçoit par les yeux de l'esprit sous forme de Lumière. Ce changement de niveau peut être manifesté par une illumination physique, comme dans le cas de Séraphim de Sarov ou celui de l'*Apophtegme* des Pères du Désert : « L'abbé Joseph dit à l'abbé Loth : tu ne peux être moine, si tu ne deviens pas tout entier flamboyant comme un feu. Loth répondit : Père, selon mon possible, je m'acquitte de mon petit office, de mon modeste jeûne, de la prière et de la méditation, je

garde la quiétude et selon mon possible je reste pur en mes pensées. Que me reste-t-il donc à faire ? Le vieillard se leva, étendit ses mains vers le ciel et ses doigts devinrent comme dix lampes de feu et il dit : Si tu veux, deviens tout entier comme du feu. »

Une de ses descriptions les plus explicites est donnée par Jean de la Croix dans *Vive Flamme d'Amour* : « Plus l'âme est purifiée dans sa substance et ses facultés, plus aussi la Substance divine l'absorbe d'une manière profonde, subtile et élevée dans sa divine flamme. Durant l'absorption de l'âme dans la Sagesse, l'Esprit-Saint met en mouvement les vibrations glorieuses de sa flamme. L'âme resplendit au-dedans des Splendeurs de Dieu. Les mouvements de cette flamme divine sont des vibrations, des jets de flamme que l'âme transformée en flamme n'est pas seule à produire. Elle le fait conjointement à l'Esprit-Saint ».

« Dieu est en moi le feu et je suis en lui la clarté » note Angélus Silésius, dans *Le Pèlerin chérubinique*. Mais il était écrit depuis longtemps : « La Lumière au-delà de tout est en vérité la même lumière qui brille à l'intérieur de l'homme » (*Chândogya Upanishad* III, 13,7). « Si l'âme entre alors dans la lumière sans mélange, alors elle est transportée en son Rien » ajoute Maître Eckhart.

4. L'expérience du Vide est une étape obligée de l'extase, analysée dans bien des traditions. Y penser ou ne penser à rien, c'est encore penser ou tomber dans un vide passif et rater le Vide dynamique ou Vacuité. Ceci a été excellemment présenté par Lilian Silburn dans *Le Vide* (Hermès, n° 2), où elle donne ce témoignage (p. 46) :

« Quelques jours plus tard, peu de temps avant de le quitter, mon maître me fit asseoir en face de lui. Après une profonde absorption, en revenant à la conscience, quelle ne fut pas ma stupéfaction : il n'y avait rien et dans le Rien, je n'étais plus. Impression étrange, illimitée. Pourtant, depuis plus de vingt ans, j'avais traversé bien des vides : vides inconscients, mort douloureuse et même un anéantissement total. Maintenant, c'était différent, il n'y avait pas d'annihilation, de dépouillement, ni même de vide, puisque vide signifie toujours vide de quelque chose ; il fallait dire "rien" — toutes les vacuités antérieurement éprouvées fondues en une seule, insaisissable et définitive, car je n'en sortis plus. À mon maître qui me demandait comment je me sentais, je répondis : "Où suis-je ? Nulle part, me semble-t-il !" et avec un sourire indéfinissable il acquiesça : "Oui, nous ne sommes plus nulle part". »

Ruysbroeck écrivait déjà : « L'homme a été créé de rien. C'est pourquoi il poursuit ce rien, qui n'est nulle part ». Lors de la rencontre de l'Infini, dans sa palpation on ne trouve plus aucune limite, alors on dit que c'est le vide, puis dans le Rien l'homme est vaincu par l'amour abyssal de Dieu. Comme le disait Maître Eckhart, la conscience de son union à Dieu est le dernier obstacle à la parfaite béatitude.

5. La joie parfaite est le critère de l'extase, car si l'on ressent de la peur ou de l'effroi ce n'est qu'une expérience de conscience modifiée de type parapsychologique. Mais l'on ne sait plus quel mot employer pour la nommer, car tous ont été dévalués par le persifflage rationaliste : béatitude, jouissance, fruition, mystique, illuminé...

Ruysbroeck s'exprimait ainsi dans *Le Royaume des Amants* : « La jouissance est si grande que Dieu et tous les saints, ainsi que tous les hommes excellents y nagent... à l'instar des Personnes divines qui, à tout instant, s'absorbent dans l'essence abyssale et débordent dans la jouissance... C'est là la jouissance suprême de Dieu et de tous les esprits ». Et Lilian Silburn nous livre encore ce témoignage saisissant :

« L'oubli de moi
— la conscience annulante de cet oubli,
— la joie sans fond de cette annulation,
— la stupéfaction de la joie,
— l'annulation intensifiante de cette stupéfaction par son identité à l'évidence,
— et la dissolution incessante de cette annulation, de cette stupéfaction, de cette joie, de cet oubli, dans le jaillissement perpétuellement immobile d'être là ».

D. Analyse de l'extase

Toutes ces voies ne donnent que des témoignages ; mais si l'on peut décrire l'extase par ses effets extérieurs il est moins facile de dire ce qu'elle est en elle-même. En fait, les religions, qu'elles soient juive, chrétienne ou musulmane, ont tout réglé avec la notion de Dieu. L'extase c'est la fusion en Dieu et Dieu est inconnaissable, sinon justement par cette expérience directe.

Par contre, aux Indes, la notion d'un dieu personnel se dépasse dans la réalité transpersonnelle du Brahman, l'Énergie créatrice. Les mystiques, le Védanta, le Yoga et les Upanishads, ont cherché à rendre compte de cette expérience. Tous arrivent à la même conclusion : ce que l'on nomme le divin se détaille dans une expérience de Sat-chit-Ananda (Être-Conscience-Béatitude). Des précisions peuvent donc être apportées et l'on peut approcher ce qu'est l'extase dans son Essence.

Si l'on arrive à se libérer de ses identifications fondamentales, on découvre l'illusion de l'égo et alors brille la lumière du Soi.

D'abord, se fait la révélation d'un sentiment d'être très profond. On s'enracine dans son être, car on retrouve les racines. Au-delà des avoirs on atteint l'Être (Sat). Alors, on existe vraiment, ou plutôt « on est » tout simplement, car l'existence n'est que la dilution de l'être dans le temps. Lorsque l'on sait enfin qui l'on est, on ne peut nommer autre chose que l'être lui-même. C'est d'ailleurs l'antique réponse du Buisson Ardent à Moïse : « Je suis celui qui suis. » Et celui qui n'est plus qu'un avec Dieu et qui fait cette expérience ne peut que répéter les mêmes paroles. Cette expérience est maintenant abordée par la psychologie. Devant la déficience d'être de certains malades, des névrosés et des suicidaires, se sont mises au point des techniques de psychologie transpersonnelle qui permettent de faire une expérience de l'Être. Le résultat est ce que les psychologues nomment la sécurisation ontologique. Mais ce n'est qu'une timide approche de ce qu'apporte la rencontre mystique de l'extase.

On l'appelle aussi l'Illumination car souvent la révélation du Soi se fait sous forme de lumière. C'est un grand choc lorsque notre nature lumineuse se révèle à nous. Nous sommes en effet tous des êtres de lumière. L'aube de la conscience humaine est une pure structure lumineuse. Nous avons un corps de lumière qui est fait avec la lumière du soleil puisque nous appartenons au système solaire. Mais il existe une autre lumière qui est la pure lumière, ou la lumière primordiale. C'est la première émanation de l'Être et ce ne peut être aussi qu'un être unique, sans corps car il aurait diversité. Cette Lumière primordiale produite sans intermédiaire est la plus haute limite des êtres non nécessaires par eux-mêmes. Curieusement, les astronomes retrouvent maintenant dans l'Univers une lumière résiduelle qui ne provient pas des astres, car elle n'a pas la même structure. Ils pensent qu'elle subsiste dans l'Univers depuis la première conflagration initiale. Pour le yoga dans l'extase se produit l'*atma jyoti darshan*, la révélation de la lumière du Soi.

Ceci s'opère aussi sous forme d'une expansion de conscience (chit). On l'appelle l'Éveil, car il est possible de s'éveiller à la conscience vigile ordinaire, comme on s'éveille le matin de la conscience endormie ou de la conscience de rêve. Il s'agit donc d'une Surconscience. Dans l'extase on est plus et non moins conscient comme dans la transe. On découvre la source intérieure de la conscience. Déjà la philosophie occidentale a su depuis Aristote distinguer deux consciences : la conscience relative ou conscience d'objet (par exemple conscience de lire) ou d'idée et la conscience réfléchie ou absolue qui est une conscience de soi au second degré (conscient d'être conscient de lire). On découvre alors la conscience-témoin. C'est ce témoin immobile qui permet d'être conscient dans la veille, qui dirige les rêves du sommeil et qui reste encore présent dans le sommeil car, même en dormant, on ne cesse pas d'exister. Mais cette conscience s'amplifie et l'on a la sensation d'atteindre à l'Omniscience de la Conscience absolue. Tous ceux qui ont vécu cette expérience en portent témoignage, même si après ils ne peuvent plus garder cette Omniscience.

L'expérience de l'extase, ou du nirvakalpa-samadhi, est une Libération, car l'on s'y sent infiniment libre. On comprend alors ce qu'est la liberté et l'on sent la totale liberté qui est au fond de soi-même. C'est à cette liberté absolue que nous aspirons tous dans tous les déterminismes qui nous ligotent. Cette liberté est au-delà du bien et du mal, car elle ne peut choisir, puisqu'elle n'est qu'amour du bien, comme l'ont bien reconnu Descartes, Leibniz ou Spinoza.

Alors surgit l'Amour, le vrai, le grand Amour, l'Amour pur. Celui qui ne fait jamais défaut surgit de soi. C'est l'amour que l'on donne et non celui que l'on réclame. L'amour de bienveillance et de bienfaisance, l'amour oblatif et non l'amour de désir, l'amour égoïste ou amour de concupiscence. L'être en extase s'émerveille d'un tel amour, dont il se croyait incapable. Et c'est en saisissant son intensité et sa pureté qu'il reconnaît que ce n'est pas le sien. L'amour qui sort de son cœur est en effet l'Amour divin. L'Être est Amour, et faire l'expérience de l'Être c'est faire celle de l'Amour. C'est alors que l'on découvre que l'on n'aime jamais le premier et que l'on a été aimé depuis le commencement. Cet amour pur c'est l'amour par lequel Dieu s'aime lui-même directement et par l'intermédiaire des êtres qui reflètent son amour. Alors se fait justement la fusion dans l'Unité par-delà les dualités. C'est l'expérience de l'Un-sans-second dont parle l'Advaïta-Védanta.

Enfin ceci se réalise dans le plus grand bonheur possible (Ananda). Il n'existe aucun mot pour traduire cet état. Tous sont dévalués et tous l'ont été par leur abusive utilisation religieuse et leur usage parodique ou critique depuis la laïcisation. Car, à une période de pharisianisme a succédé une période de profanation systématique du sacré, surtout dans les média. On ne parle d'auréole et de lumière que pour s'en moquer. L'éros étant dévalué et équivoque, Nygren parle d'agapé. La charité (caritas), ne vaut pas mieux, car elle fait trop aumône. Le plaisir, la joie, la béatitude, le bonheur, l'équanimité, le calme, l'ataraxie, l'impassibilité, la félicité, sont restés dans les poubelles de l'histoire. Que reste-t-il de la Joie parfaite dont parlait François d'Assise ? Maintenant on en est à l'orgasme.

Alors, il ne faut pas hésiter à dire que l'étincelle de l'orgasme n'est rien à côté du feu permanent de l'amour. Spinoza parlait de *fruitio*, mais cette jouissance reste encore trop corporelle. Tous les êtres humains sont à la recherche du plaisir et du bonheur, il faut leur dire qu'il n'y en a pas de plus grand que dans l'extase. Et ce n'est pas seulement en quantité (dix mille orgasmes) ou en durée (cela ne s'arrête pas) mais en nature (le vrai bonheur est autre chose qu'un bonheur terrestre). Justement, comme c'est une expérience unique, il n'y a pas de mot pour traduire cet état de bonheur absolu et sans limite (Ananda), cet épanouissement où l'on retrouve enfin sa vraie nature. On en ressort suffoqué d'Amour et émerveillé devant la beauté de la vie.

Plus subtil que le subtil,
plus grand que le grand
est le Soi, reposant dans la caverne du cœur.
Lorsqu'il a enfin vu ce Soi omniprésent,
le sage ne peut plus éprouver aucune douleur.

Katha Upanishad (2).

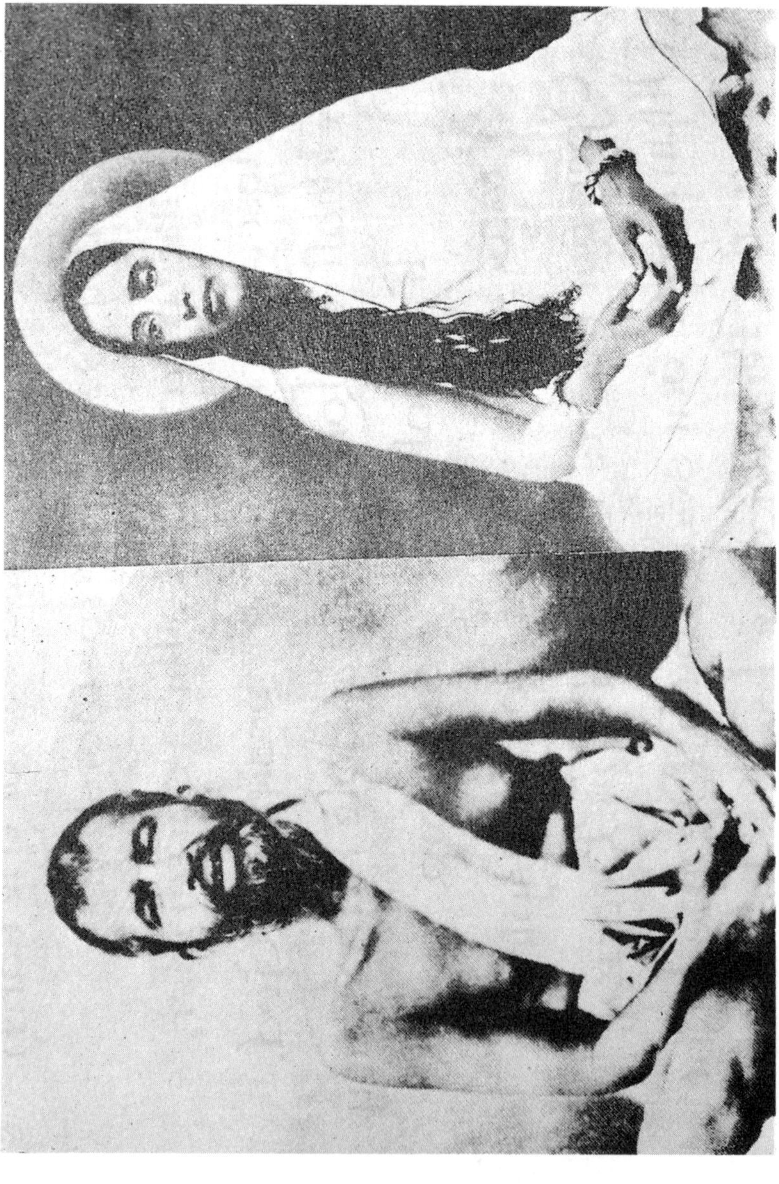

CONCLUSION

L'extase est la vocation naturelle de l'homme. Tout le monde a rêvé de s'épanouir complètement et de réaliser totalement toutes les dimensions de son être. C'est un espoir d'adolescence et de jeunesse, et cela devient le lancinant questionnement de toute une vieillesse. Certains se demandent avec angoisse, lors de la seconde partie de leur vie, s'ils sont bien devenus ce qu'ils auraient pu être. Ils se sont laissés aller à sacrifier leur idéal dans la réussite matérielle, la fortune, le pouvoir, le confort... D'autres ont sombré dans le sexe, l'alcool, la drogue, la passion du jeu. Quand on ne peut atteindre à l'extase, on se contente d'un orgasme. Et aucun paradis artificiel ne remplace l'extase. Mais derrière cette déshérance, il y a un S.O.S. (Save our Souls), car tous sont appelés à l'extase, même les plus démunis. Le déferlement actuel du sexe et de la drogue traduit cette exigence d'un état amplifié de conscience.

Ce que l'on cherche obscurément dans l'amour c'est la complétude de son être, et dans l'orgasme c'est cette fraction de seconde où l'on quitte son plan ordinaire de conscience pour s'épanouir dans le bonheur. Il en est de même pour les plaisirs de la vitesse, des sports de glisse ou des attractions de la foire avec ses manèges, toboggans et montagnes russes. On y fait certes l'expérience de la perte de pesanteur mais aussi de l'abandon de soi ; on y vit le moment exaltant d'une sensation forte dans la peur d'un danger rassurant. En réalité, on y recherche, sans bien le savoir, l'arrêt du mental par la peur, comme dans le tantrisme. Dans tous les sports dangereux (parachutisme, vol plané, deltaplane, surf, plongeon, escalade solitaire, courses de motos, spéléologie...) on vit ce sacrifice de soi dans l'exaltation d'un instant. Mais ce dépassement de soi-même ne se trouve profondément que dans l'extase. Là seulement il est possible de vivre de façon permanente cet état de vide de l'esprit qui conduit à une mutation.

L'humanité tout entière y est poussée par la force même de l'Évolution. Les temps sont venus où les hommes et les femmes peuvent accéder aux techniques de la spiritualité grâce à la psychologie. S'y emploie déjà la psychologie transpersonnelle et tout le mouvement mondial qu'il y a autour d'elle. Cela avait été annoncé par Aurobindo et Teilhard de Chardin. L'évolution n'est pas arrêtée, elle se continue en ce moment même. Mais pour l'homme, elle est passée des formes biologiques à la mutation spirituelle. Tous ceux, qui ont eu une expérience transpersonnelle et ont connu l'extase, en sont complètement transformés. Ils constituent la forme pleine et entière de l'humanité. Ils ont accédé à l'état du surmental et du supramental décrit par Aurobindo. Patrice Van Eersel a tracé dans *La source noire* le tableau de cette transformation. Le modèle en est donné par ceux qui ont fait un voyage aux confins de la mort et ont pu accéder à l'expérience transpersonnelle dans un coma dépassé. Ils retrouvent là ce qui avait été vécu par tous les mystiques. Mais ceci avait été présenté par les religions comme réservé à une vie d'ascèse et d'absence de sexualité.

La découverte contemporaine c'est que c'est maintenant accessible à tout un chacun. Les expériences d'éveil de l'énergie intérieure (Kundalini) et d'Illumination sont en train d'être proposées par la psychologie, hors des religions. La nouvelle spiritualité est compatible avec une vie professionnelle et familiale, au lieu d'être réservée à des ascètes. Il n'est plus question d'abandonner le monde et de fuir dans une retraite comme un ermite. Notre travail se fait ici et maintenant, dans la situation où nous sommes, mais il inclut la dimension spirituelle. L'essentiel peut être trouvé dans le quotidien et le samadhi se vit désormais les yeux ouverts. Le yoga, le zen, les techniques du hara, le soufisme... sont pratiqués partout par des hommes et des femmes qui n'ont pas abandonné pour autant leurs obligations. Il est maintenant possible d'expérimenter les caissons d'isolation sensorielle, la marche sur le feu, le chant diphonique et d'hyperventilation, l'état de rêve lucide et toutes les expériences transpersonnelles. et si cela ne donne pas encore l'extase, cela y prépare.

Tout le problème est là. L'Occident n'a jamais pensé l'extase que liée à l'esprit, accordée par la Grâce de Dieu, après que le corps ait été rendu moins nocif. L'Orient a au contraire mis patiemment au point de nombreuses techniques corporelles d'aide et de déclenchement. Certains voudraient maintenant unir l'Occident et l'Orient alors que pour d'autres ce ne peut être que le mariage de l'eau et du feu. De même on cherche à unir l'esprit au corps. Notre position est radicale et originaire : à quoi bon unir ce qu'on vient de séparer ? Il ne fallait pas commencer par le diviser. Il ne faut pas rassembler comme dans la psycho-somatique, il vaut mieux se situer dans l'expérience originelle de la non-séparation. Nous avons une conception holiste et globale de l'être humain. On peut distinguer en lui un esprit et un corps mais on ne peut les séparer. L'esprit est la forme du corps et le corps la densification de l'esprit. Donc, quand nous parlons de techniques corporelles nous n'entendons pas exclure l'esprit, puisqu'il est compris dans le corps. On pourrait donc parler plus précisément de techniques somato-psychiques de l'extase.

Elles sont centrées sur la sagesse du corps, son intuition, et supposent l'arrêt du mental (du défilé des idées dans le champ de conscience). Ceci apparaît comme la clé de tout. Toute l'aventure commence lorsqu'on a enfin réussi, grâce au corps, à faire le vide dans l'esprit : simplement il fonctionne d'une autre manière : par identification et non plus par idées. Ceci va de pair avec le sens du moi : tout commence lorsqu'on oublie enfin de penser à soi. Alors l'égo (le Moi individuel hypertrophié) se dissipe et l'on ne cesse pas pour autant d'exister. On atteint simplement un état transpersonnel, mais où l'on s'expanse, dans la Conscience Cosmique.

Le déclencheur c'est le corps : écoute de la respiration automatique, écoute des battements de son cœur, circulation de l'énergie corporelle, ouverture des centres d'énergie (chakras)... L'esprit est uni au corps par la récitation d'une même formule (mantra ou prière du cœur) ou par la contemplation d'une structure cosmo-psycho-somatique (mandala), la récitation est corporéisée par des gestes (mudras) ou un balancement de la tête (zikhr)... Et soudain, (ou lentement), l'énergie accumulée à la base de la colonne vertébrale remonte jusqu'au sommet de la tête. Alors dans un craquement sec d'une branche qui casse, l'air tout autour se met à vibrer et c'est un déferlement de Lumière. L'égo s'étant dissous, l'Extase se déclenche ; l'on est retourné chez soi, en n'étant plus encapsulé dans son corps.

La structure commune sous-jacente à toutes les voies est là. Sous l'expérience mystique se trouve une transformation corporelle. Transfiguration, Illumination et montée de l'énergie dans le corps sont liées. Bien entendu, on peut commencer par un bout ou par l'autre. Après avoir longtemps tout attendu de l'esprit en persécutant le corps, l'humanité découvre aujourd'hui qu'il est possible de ne pas disjoindre les deux. Corps et âme sont réconciliés. Le plus grand mérite du corps se trouve là : être un auxiliaire au salut. Le salut par le corps n'est plus maintenant un rêve impossible. La jonction est faite.

Notons qu'il n'a été question ici que des techniques corporelles pour atteindre l'extase. Corps et extase supposeraient que l'on étudie aussi ce que devient le corps pendant et après l'extase. Mais ce travail sur les phénomènes physiques du mysticisme a été déjà sérieusement défriché par Thurston et Aimé Michel. Il reste à en faire l'étude scientifique et à en tirer les conséquences. Et ceci est révolutionnaire : c'est un bouleversement complet de la science qui va s'en suivre, un vrai changement de paradigme. On ne peut pas en rester au rêve matérialiste et mécaniste du siècle dernier. Une nouvelle science spiritualiste est en train de poindre, comme en témoignent les Colloques de Cordoue, de Tsukuba et Venise. Le mouvement transpersonnel en est à la source. Mais il a été préparé par une totale transformation des valeurs. L'ouverture actuelle à la spiritualité est, en effet, liée à une réhabilitation du corps dans notre civilisation, ou à son invention. Ceci va de pair avec une réconciliation avec la nature et les animaux (écologie) et à la libération de la femme. Tout se tient, et l'ensemble prépare les nouvelles valeurs du troisième millénaire.

Il nous semble que la vision holiste du corps humain, sans séparation ni opposition de l'esprit et du corps, est une position heuristique qui va engendrer de profonds changements. Elle entre dans le changement de paradigme scientifique qui est en train de s'établir.

Par là le futur rejoint les traditions les plus anciennes. L'Orient a toujours considéré que le corps comportait des potentialités cachées, et l'Occident est en train de l'admettre, selon l'avertissement de Thomas Carlyle en 1834 :

« Il n'y a qu'un seul temple dans l'Univers
et c'est le corps humain.
Comme le disait le fervent Novalis,
rien n'est plus saint que cette puissante forme. »

BIBLIOGRAPHIE

1) **Le chamanisme**

BERTHIER et SWEENEY, *L'art de la magie à Bali*, Armand Colin, 1976.

BOUTEILLER M., *Chamanisme et guérison magique*, Paris, 1950.

CASTANEDA C., *Voir*, Gallimard, 1973.

— , *Histoires de pouvoir*, Gallimard, 1975.

DESCAMPS M.-A., *La maîtrise des rêves*, Edit. Universitaires, 1983.

— , « La marche sur le feu », *Les carnets du yoga*, n° 83, novembre 1986, pp. 2-11.

ELIADE M., *Le chamanisme et les techniques archaïques de l'extase*, Payot, 1968, 1983.

FELICE P. de, *Essai sur quelques formes inférieures de la mystique*, 3 vol., Albin Michel, 1957.

FURST P., *La chair des dieux*, Seuil, 1974.

HARVA U., *Représentations religieuses des peuples altaïques*, Paris, 19 .

HEMAKA SAPA, *Les rites secrets des Indiens Sioux*, Payot, 1975.

LOT-FALCK E., *Les rites de chasse chez les peuples sibériens*, Gallimard, 1953.

— , *Le chamanisme en Sibérie*, Rev. Intern., 1946.

MALAURIE J., *Les derniers rois de Thulé*, Plon, 1955.

MAUSS M., *Sociologie et anthropologie*, P.U.F., 1950, 1968.

MERCIER M., *Chamanisme et chamans*, Dangles, 1986.

OTTIN M. et BENSA A., *Le sacré à Java et à Bali*, Robert Laffont, 1969.

SCHOTT-BILLMANN F., *Danse mystique et psychanalyse, marche sur le feu en Grèce moderne*, Chiron, 1987.

ZELENINE, *Le culte des idoles en Sibérie*, Paris, 1952.

— , *Le monde du sorcier*, collectif, Seuil, 1966 (Roux, Le chaman, p. 205).

Revue d'histoire des religions.

Archives de sociologie des religions.

2) **Le yoga**

ANTONI C., *Le yoga de la puissance*, Épi, 1974.

CHOISY M., *La métamorphose des yogas*, Genève, Mont-Blanc, 1948, 248 pp.

— , *Yoga et psychanalyse*, Genève, Mont-Blanc, 1949, 268 pp.

— , *Exercices de yoga*, Genève, Mont-Blanc, 1949.

— , *Mes enfances, mémoires 1903-1924*, Genève, Mont-Blanc, 1971.

COCAGNAC M., *Les racines de l'âme indienne*, Armand Colin, 1984.

DANIÉLOU A., *Yoga, méthode de réintégration*, L'Arche, 1952 et 1973.

— , *Le polythéisme hindou*, Buchet-Chastel, 1960 et 1975.

— , *Le bétail des dieux*, Buchet-Chastel, 1962.

— , *L'érotisme divinisé*, Buchet-Chastel, 1963.

— , *Histoire de l'Inde*, Fayard, 1971.

— , *La sculpture érotique hindoue*, Buchet-Chastel, 1973.

— , *Les fous de Dieu*, Buchet-Chastel, 1975.

— , *Les quatre sens de la vie*, Buchet-Chastel, 1976.

— , *Le temple hindou*, Buchet-Chastel, 1977.

— , *Le chemin du labyrinthe*, Laffont, 1981.

DAVY M.M., *La connaissance de soi*, P.U.F., 1971, 122 pp.

— , *L'homme intérieur et ses métamorphoses*, Épi, 1974, 141 pp.

DELAFOSSE B., *Mère à Pondichéry et Dieu*, Trédaniel, 1989.

DESJARDINS A., *Ashrams*, La Palatine, 1962.
— , *L'hindouisme et nous*, La Palatine, 1962.
— , *Les chemins de la sagesse*, 3 vol., La Palatine, 1964.
— , *Le message des Tibétains*, La Palatine, 1966.
— , *Yoga et spiritualité hindoue*, La Palatine, 1968.

DRENIKOFF I., *Yoga : de l'angoisse à l'extase*, Épi, 1984.

ELIADE M., *Le yoga, immortalité et liberté*, Payot, 1954.
— , *Patanjali et le yoga*, Seuil, 1962.
— , *Les techniques du yoga*, Gallimard, 1948.
— , *Le chamanisme et les techniques archaïques de l'extase*, Payot, 1951.
— , *Traité d'histoire des religions*, Payot, 1948.

ESNOUL A.-M., *Ramanuja et la mystique vishnouite*, Seuil, 1964.

EVOLA J., *Le yoga tantrique*, Fayard, 1971, 319 pp.

FREDERIC L., *Yoga-asanas*, Oliven, 1956.

GLASENAPP de, *La philosophie indienne*, Payot, 1961, 374 pp.

GOLISH V. de, *Trésors de l'Inde*, Hachette, 1966, 322 pp.
— , *Splendeurs et crépuscules des Maharajahs*, Hachette, 1963, 347 pp.
— , *L'Inde impudique des Maharajahs*, Laffont, 1973, 259 pp.

GONDA et BARREAU, *Les religions de l'Inde*, 3 vol., Payot, 1962, 65, 66.

GOPI KRISHNA, *Koundalini*, Le Courrier du Livre, 1978.

HERBERT J., *Spiritualité hindoue*, Albin Michel, 1947, 1972.
— , *La mythologie hindoue, son message*, Albin Michel, 1951.
— , *L'enseignement de Ramakrishna*, Albin Michel, 1951.
— , *Le yoga de l'amour*, Albin Michel, 1973.
— , *L'hindouisme vivant*, Laffont, 1975.
— , *Le yoga de la vie quotidienne*, Dervy-Livres, 1979.

KERNEIZ C., *Le yoga*, Tallandier, 1973, 250 pp.
— , *La relaxation à la lumière du yoga*, Tallandier, 1973.
— , *Karma-yoga* (1936), Tallandier, 1973.

— , *Postures et respirations de Hatha-Yoga* (1951), Tallandier, 1973.
— , *Le Hatha-Vidya*, Tallandier, 1952.

KRISHNAMURTI, *La première et dernière liberté*, Stock, 1964.

KSEMARAJA, *Le secret de la reconnaissance du cœur*, Trédaniel, 1980.

LEMAÎTRE S., *Ramakrishna*, Seuil, 1959, 191 pp.

MARTIN-DUBOST, *Cankara et le Vedanta*, Seuil, 1973, 187 pp.

MASSON-OURSEL, *Le yoga*, P.U.F., 1956.

MASUI J., *Yoga, science de l'homme intégral*, Cahiers du Sud, 1953, 362 pp.

MICHAEL T., *Introduction aux voies du yoga*, édit. du Rocher, 1980.
— , *Corps subtil et corps causal*, Le Courrier du Livre, 1979.
— , *Mythes et symboles du yoga*, édit. Trismégiste, 1984.
— , *La symbolique des gestes de mains*, édit. Sémaphore, 1985.

MILES A., *Le culte de Civa*, Payot, 1951.

MOYI, Ma ananda, *Enseignement*, Albin Michel.
— , *Aux sources de la joie*, Lyon, Derain.

MUKTANANDA, *Chitshakti Vilas*, Épi, 1976.
— , *Le secret de Siddhas*, Trédaniel, 1982, 249 pp., biblio.
— , *Le jeu de la conscience*, Trédaniel, 1978.

PADOUX A., *L'énergie de la parole*, Le Soleil Noir, 1980, 253 pp.

RAMDAS, *Carnet de pèlerinage*, Albin Michel.
— , *Présence de Ram*, Albin Michel, 1957.

RENOU L., *L'hindouisme*, P.U.F., 1951.
— , *Anthologie sanskrite*, Payot, 1961.

RUCHPAUL E., *Philosophie et pratique du yoga*, Planète, 1969, 255 pp.
— , *Le yoga bien tempéré*, P.U.F., 1975.
— , *Hatha-yoga*, Denoël, 1965.

SARPREM, *L'agenda de Mère*, I.R.E. Interforum, 1978.

SEN K.M., *L'hindouisme*, Payot, 1961.

SILBURN L., *La kundalini*, Les Deux Océans, 1983.
— , Revue *Hermès*, Les Deux Océans, 1980, 4 t.

SIVANANDA S., *La pratique de la méditation*, Albin Michel, 1970, 376 pp.
— , *Enseignement*, Albin Michel.
— , *Yoga de la kundalini*, Épi, 1975.

THEOS B., *Tout le Hatha-Yoga*, Amiot-Dumont, 1954.

TONDRIAU et DEVONDEL, *Le Yoga*, Marabout.

TOUKARAM, *Psaumes du pèlerin*, Gallimard, 1956.

VACHOT C., *La guirlande des lettres*, Lyon, Derain.

VAN LYSEBETH A., *J'apprends le yoga*, Flammarion, 1968.
— , *Je perfectionne mon yoga*, Flammarion, 1969.
— , *Pranayama*, Flammarion, 1971.

VASTO Lanza del, *Le pèlerinage aux sources*, Denoël, 1943.

VIVEKANDA, *Les yogas pratiques*, Albin Michel, 1951.

YESUDIAN, *Sport et yoga*, Genève, Santoza.

ZIMMER, *Les philosophies de l'Inde*, Payot, 1953, 374 pp.
— , *Mythes et symboles de l'Inde*, Payot, 1951.

b) **Textes**

L'Hindouisme, Recueil de textes, Fayard, 1972, 693 pp.

Bhagavad-Gita, Les Belles Lettres, 1967, 63 pp.

Brhad-aranyaka Upanishad, Les Belles Lettres, 1967, 137 pp.

Chandogya-upanishad, Les Belles Lettres, 1930, 142 pp.

Devi-mahatmya, Les Belles Lettres, 1975, 101 pp.

Samkhya-Kârika, Les Belles Lettres, 1964, 129 pp.

Hatha-yoga-pradipika, trad. Tara Michael, Fayard, 1974, 304 pp.

DAVID-NEEL A., *Textes tibétains inédits*, La Colombe.

EVANS-WENTZ, *Le Bardo-thödol, le livre des morts tibétains*, Maisonneuve, 1965, 227 pp.
— , *Le livre de la grande libération* (Maha nirvana-tantra), Adyar, 1954.

Kautilya, *L'arthashastra*, Marcel Rivière, 1971, 251 pp.

Milarepa, *Milarepa*, Fayard, 1971, 268 pp.

Shankara, *Hymnes et chants védantiques*, Édit. Orientales.
— , *Commentaires sur la Mundaka Upanishad*, Édit. Orientales.
— , *Atma-bodha, la connaissance du Soi*, Bombay, Chinmaya Mission, 1983.
— , *Hymnes à Shiva*, Lyon, Derain.

Taimni, *La science du yoga (yoga-sûtra)* (1961) Adyar, 1974, 414 pp.

Varenne J., *Les upanishads du yoga*, Gallimard, 1971, 174 pp.
— , *Sept Upanishads*, Seuil, 1981.

Veda, *Choix*, Marabout, 1968.

Wood E., *La pratique du yoga*, Payot, 1953, 220 pp.

3) **Le tantrisme**

Avalon Arthur, *La puissance du serpent*, Dervy, 1967.
— , *La Doctrine du Mantra*, Édit. Orientales, 1979.
— , *Shakti et Shakta*, Madras, 1939.

Benet J., *Sexualité et développement spirituel*, Trédaniel, 1992.

Blofeld John, *Le bouddhisme tantrique du Tibet*, Seuil, 1976.

Daniélou Alain, *L'érotisme divinisé*, Buchet-Chastel, 1963.
— , *Shiva et Dionysos*, Fayard, 1979.
— , *La sculpture érotique hindoue*, Buchet-Chastel, 1973.

David-Neel Alexandra, *Mystiques et magiciens du Tibet*, Plon, 1929, 1952.

Douglas Nik, *Tantra Yoga*, New Delhi, Munshiram, 1971.

Drenikoff Ivan, *Yoga : de l'angoisse à l'extase*, Épi, 1984.

Evans-Wentz, *Le livre de la grande libération*, Adyar, 1972.
— , *Le yoga tibétain et les doctrines secrètes*, Maisonneuve, 1948.

EVOLA Julius, *Le yoga tantrique*, Fayard, 1971.
— , *La métaphysique du sexe*, Payot, 1969.
— , *Chevaucher le tigre*, Éditions transcendantales, 1981.

GOPI Krishna, *Koundalini*, Le Courrier du Livre, 1978.

GOVINDA Anagarika, *Les fondements de la mystique tibétaine*, Albin Michel, 1959, 1976.

LYSEBETH André van, *Le tantrisme*, Flammarion, 1989.

MICHAEL Tara, *Hatha-yoga Pradipika*, Fayard, 1974.
— , *Corps subtil et corps causal*, Courrier du Livre, 1979.

MOOKERJEE Ajit, *Tantra-asana*, Soleil Noir, 1971.
— , *La voie du Tantra*, Seuil, 1978.

MUKTANANDA Swami, *Kundalini*, le secret de la vie, Syd. France, 1981.

NASLEDNIKOV Mitsou, *Le chemin de l'extase*, Albin Michel, 1981.

PADOUX André, *Recherches sur la Symbolique et l'énergie de la parole dans certains textes tantriques*, de Boccard, 1963.
— , *L'énergie de la parole*, édit. Soleil Noir, 1980.

PAPIN Jean, *Tantra et yoga*, Dervy Livres, 1988.

RAWSON Philip, *Erotic art of the East*, Minerva, 1968.
— , *L'art du tantrisme*, Arts et métiers graphiques, 1973.
— , *Tantra*, le culte indien de l'extase, Seuil, 1973.

SATYANANDA Swami, *Taming the Kundalini*, Bihar School of Yoga, 1967.
— , *Méditations tantriques*, Satyanandashram, 1983.

SILBURN Lilian, *Le Paramarthasara*, de Boccard, 1957.
— , *Le Kynana Bhairava*, de Boccard, 1961, 1976, 1983.
— , *Maharthamanyari*, de Boccard, 1968.
— , *Stavacintainani, la Bhakti*, de Boccard, 1980.
— , *La Kundalini*, l'énergie des profondeurs, Les Deux Océans, 1983.

SOULIÉ Bernard, *Tantra*, Solar, 1982.

TUCCI Giuseppe, *Théorie et pratique du mandala*, Fayard, 1974.

TRIPURARAHASYA, *La doctrine secrète de la déesse Tripura*, Fayard, 1979.

TRUNGPA-GUENTHER, *L'aube du Tantra*, Albin Michel, 1980.

VARENNE Jean, *Le tantrisme*, Retz, 1977.

— , *Célébration de la grande déesse*, Les Belles Lettres, 1976.

Hymnes à la déesse, Le Soleil Noir, 1980.

4) **Bouddhisme des Anciens**

BERVAL R. de, *Présence du Bouddhisme*, Saïgon, France Asie, 1959, 1024 pp.

CONZE, *Le bouddhisme dans son essence et son développement*, Payot, 1952.

FOUCHER, *La vie du Bouddha*, Payot, 1949.

— , *Les vies antérieures du Bouddha*, P.U.F., 1953.

NYANAPONIKA THEKA, *Satipathana, le cœur de la méditation bouddhique*, Maisonneuve, 1976, 223 pp.

PERCHERON M., *Le Bouddha et le bouddhisme*, Seuil, 1956.

SAYADAW L., *Enseignement birman*, Albin Michel, 1970, 376 pp.

SILBURN L., *Le Bouddhisme*, textes choisis, Fayard, 1977.

5) **Lamaïsme tibétain**

ARNOLD P., *Avec les lamas tibétains*, Fayard, 1980.

ANAGARIKA GOVINDA, *Le chemin des nuages blancs*, Albin Michel, 1969, 1976.

— , *Les fondements de la mystique tibétaine*, Albin Michel, 1960.

— , *Méditation créatrice*, Albin Michel, 1989.

BARDO-THODOL, *Le livre des morts tibétains*, 1. Maisonneuve, 1948 ; 2. Dervy-Livres, 1980.

BLOFELD J., *Le bouddhisme tantrique du Tibet*, Seuil, 1976.

DALAÏ LAMA XIVe, *Pratiques de la voie spirituelle*, Édit. Trismégiste, 1987.

— , *Cent éléphants sur un brin d'herbe*, Seuil, 1990.

DAVID-NEEL A., *Voyage d'une parisienne à Lhassa*, Plon, 1948.

— , *Initiation lamaïque*, Adyar, 1930.

— , *L'Inde*, Plon, 1951.

— , *Mystiques et magiciens du Tibet*, Plon, 1952.

— , *À l'Ouest barbare de la vaste Chine*, Plon, 1947.

EVANS-WENTZ W., *Le livre tibétain de la grande libération*, Adyar, 1954.

— , *Le yoga tibétain et les doctrines secrètes*, Maisonneuve, 1948, 365 pp.

GOVINDA, *Les fondements de la mystique tibétaine*, Albin Michel, 1960.

KHENSUR LEKDEN, *Méditations d'un supérieur de collège tantrique*, édit. Dharma, 1979.

LALOU M., *Les religions du Tibet*, P.U.F., 1957.

MILAREPA, *Milarépa*, Fayard, 1971, 268 pp.

MULLIN, *Pour mieux vivre sa mort*, Trismégiste, 1990.

NAGARJUNA, *La précieuse guirlande des avis au roi*, édit. Yiga Tchen Dzinn, 71320, 1980.

NYANAPONIKA, *Le cœur de la méditation bouddhiste*, Jean Maisonneuve, 1976.

RABTEN G., *Enseignement oral du bouddhisme au Tibet*, Maisonneuve, 1976.

— , *Vie et enseignement de Geshe Rabten*, 06530, édit. Dharma, 1980.

— , *La voie progressive*, A. Maisonneuve.

TRUNGPA, *Pratique de la voie tibétaine*, Seuil, 1976.

6) **Le zen et les voies japonaises**

BANCROFT A., *Zen*, Seuil, 1979.

CHANG C., *Pratique du zen*, Buchet-Chastel, 1960.

DESHIMARU T., *Za-Zen*, Seghers, 1974.
— , *Le bol et le bâton*, édit. Cesare Rancilio, 1983.
— , *La pratique du zen*, Albin Michel, 1985.
— , *Zen et arts martiaux*, Albin Michel.
— , *Questions à un maître zen*, Albin Michel.
— , *Zen et vie quotidienne*, Albin Michel.

DURCKHEIM K.G., *Pratique de la voie intérieure*, Courrier du Livre, 1968.
— , *Pratique de l'expérience spirituelle*, édit. du Rocher, 1985.
— , *Hara, centre vital de l'homme*, Courrier du Livre, 1974.
— , *Le zen et nous*, Courrier du Livre, 1980.

FUJISHIMA R., *Les douze sectes bouddhiques du Japon*, Éditions Trismégiste, 1985.

HERBERT J., *Les dix tableaux du domestiquage de la vache*, Lyon, Derain, 1960.

HERRIGEL E., *La voie du Zen*, Maisonneuve, 1961.
— , *Le Zen dans l'art chevaleresque du tir à l'arc*, Lyon, Derain, 1955.

HONEN et coll., *Textes fondamentaux du bouddhisme japonais*, Albin Michel, 1970.

KAPLEAU P., *Les trois piliers du Zen*, Stock, 1980.

LINSSEN R., *Le Zen*, Marabout, 1969.

MERTON T., *Mystique et zen*, Cerf, 1977.

NHAT H., *Clefs pour le Zen*, Seghers, 1972.

OKAKURA et Coll., *Le livre du thé. La voie des fleurs*, Club des Libraires de France, 1960.

SHIBATA M., *Les maîtres du Zen*, Laffont, 1974, 324 pp.
— , *Les maîtres du Tch'an en Chine*, Maisonneuve et Larose, 1987.

SHINGON, *Bouddhisme japonais traditionnel*, Lodève, 1985.

SMEDT M. de, *Techniques de méditation et pratiques d'éveil*, Albin Michel.

— , *La sagesse de l'éveil*, Albin Michel.

SUZUKI D., *Manuel de Bouddhisme Zen*, Dervy, 1981.
— , *Introduction au bouddhisme Zen*, Buchet-Chastel, 1978.
— , *Essais sur le bouddhisme Zen*, Albin Michel, 1972, 3 vol.

WATTS A., *Le bouddhisme Zen*, Payot, 1960, 1978.

7) **Le taoïsme**

ANDRES, KYU-YONG BYUN, *Les cent fleurs du Taô*, Jacqueline Renard, 1991.

BERNARD-MAÎTRE H., *Sagesse chinoise et philosophie chrétienne*, Les Belles Lettres, 1936.

BLOFELD J., *Le taoïsme vivant*, Albin Michel, 1977, 286 pp.
— , *Le yoga de la compassion, le culte mystique de Kuan Yin*, Albin Michel, 1982.

CHIA M., *Fusion des cinq éléments*, Trédaniel, 1991.

DO-DINH, *Confucius et l'humanisme chinois*, Seuil, 1962.

EYSSALET J.M., *Shen ou l'instant créateur*, Trédaniel, 1988.
— , *Le secret de la maison des ancêtres*, Trédaniel, 1989.

FONG, YEOU-LAN, *Précis d'histoire de la philosophie chinoise*, Payot, 1952.

GOULLART P., *Le monastère de la montagne de jade*, Fayard, 1961.

GRANET M., *Remarques sur le taoïsme ancien*, Paris, 1953.

JUNG C.G., *Commentaire sur le Mystère de la Fleur d'Or*, Albin Michel, 1979.

KALTENMARK M., *Lao Tseu et le taoïsme*, Seuil, 1965.

LAO TSEU, *Taô te Kung*, Dervy-Livres.

LU TSOU, *Le secret de la Fleur d'Or*, Librairie de Médicis, 1969.

REIFLERS S., *Yi King*, Albin Michel, 1980.

SCHIPPER K., *Le corps taoïste*, Fayard, 1982.

TAWM K., *Les exercices secrets des moines taoïstes*, Trédaniel, 1979.

WILHELM R., *Yi King*, Librairie de Médicis, 1979.

8) **Soufisme**

ANAWATI C.G. et GARDET L., *Mystique musulmane*, Vrin, 1968.

AVICENNE, *Le livre de science*, Les Belles Lettres, 1955.

BAKHTIAR L., *Le soufisme*, Seuil, 1977.

BURCKHARDT T., *Introduction aux doctrines ésotériques de l'Orient*, Dervy-Livres, 1969.

CHEVALIER J., *Le soufisme*, Retz, 1974.

CORBIN H., *Histoire de la philosophie islamique*, Gallimard, 1964.

— , *L'imagination créatrice dans le soufisme d'Ibn Arabi*, Flammarion, 1958.

— , *En Islam iranien*, Gallimard, 1971, 4 vol.

— , *Avicenne et le récit visionnaire*, 2 vol., Maisonneuve, 1954.

— , *L'homme de lumière dans le soufisme iranien*, Présence, 1971.

— , *Terre céleste et corps de résurrection*, Buchet-Chastel, 1961.

DJALAL UD-DIN RUMI, *Odes mystiques*, Klincksieck, 1973.

DURING J., *Musique et extase*, Albin Michel, 1988.

ELAHI B., *La voie de la perfection*, Albin Michel.

GARDET L., *Les hommes de l'Islam*, Hachette, 1977.

HAZRAT INAYAT KHAN, *Le grand cycle de l'âme*, Le Souffle d'Or, 1984.

IBN ARABI, *La sagesse des prophètes*, Albin Michel, 1974, 242 pp.

— , *Traité de l'Amour*, Albin Michel, 1986.

IDRIES SHAH, *Caravane de rêve*, Le Courrier du Livre, 1978.

— , *Contes derviches*, Le Courrier du Livre, 1979.

— , *Les exploits de l'incomparable Mulla Nasrudin*, Le Courrier du Livre, 1979.

JAMI, *Vie des Soufis*, Édit. Orientales, 1975.

LINGS M., *Qu'est-ce que le soufisme ?* Seuil, 1977.

MASSIGNON, *La passion d'Al Hallâj*, 4 vol., Gallimard 1976.

MEYEROVITCH E., *Odes mystiques*, Klincksieck, 1973.

— , *Mystique et poésie en Islam*, Desclée de Brouwer, 1972.

— , *Rumi et le soufisme*, Seuil, 1977.

MOLE M., *Les mystiques musulmans*, P.U.F., 1965.

NASR S., *Essais sur le soufisme*, Albin Michel, 1980.

NICHOLSON R.A., *Studies in islamic Mysticism*, Cambridge Univ. Press, 1921.

— , *The Mathnarvi of Djalal Ud-Din Rumi*, 8 vol., London, Luzac, 1925-1937.

NUR ALI-SHAH, *L'ésotérisme kurde*, Albin Michel, 1968.

SOHRAVARDI, *L'archange empourpré*, Fayard, 1976.

SOURDEL D. et J., *La civilisation de l'Islam classique*, Arthaud, 1968.

9) **Hassidisme**

BUBER M., *Die Legende des Ba'alschem*, Franckfort, 1908.

— , *Vom geist des Judentums*, Leipzig, 1916.

CASARIL G., *Rabbi Simeon Bar Yochai et la Cabbale*, Seuil, 1977.

Encyclopedia Judaïca, New York, Mac Millan, 1971, 16 vol.

GRAD A.D., *Le Golem et la connaissance*, Dangles, 1979.

MONTALEMBERT et TRYON, *La Cabbale et la tradition judaïque*, Celt, 1974.

MULLER E., *Histoire de la mystique juive*, Payot, 1950.

SCHAYA L., *L'homme et l'absolu selon la Kabbale*, Buchet-Chastel, 1958.

SCHOLEM G., *Les grands courants de la mystique juive*, Payot, 1950.
— , *La Kabbale et sa symbolique*, Payot, 1966.
— , *Les origines de la Kabbale*, Aubier-Montaigne, 1966.

SEROUYA H., *La Kabbale*, Grasset, 1947, 526 pp., biblio.

SOUZENELLE A. de, *De l'Arbre de Vie au schéma corporel*, Dangles, 1977.

VAJDA G., *L'amour de Dieu dans la théologie juive du Moyen Âge*, Vrin, 1957.

Z'EV BEN SHIMON HALEVI, *La Cabbale*, Seuil, 1980.

10) **Hesychasme**

CLEMENT O. et SERR J., *La prière du cœur*, Bellefontaine, 1977.

GOUILLARD J., *Petite Philocalie de la prière du cœur*, Cahiers du Sud, 1953.

HAUSHERR I., *Orientalia Christiana*, 1935.

LASSUS L.-A., *Le staretz Séraphim de Sarov*, édit. O.E.I.L., 1984.

MEYENDORFF J., *Saint Grégoire Palamas et la mystique orthodoxe*, Seuil, 1959.
— , *Défense des Saints Hésychastes*, Louvain, 1959, 2 vol.

SPIDLIK T., *Les grands mystiques russes*, édit. Nouvelle Cité, 1979.

Le Pèlerin russe, trois récits inédits, Bellefontaine/Points, 1976.

Récits du pèlerin russe, Baconnière/Seuil, 1978, biblio.

Patrologia graeca, T. Cl. Paris, 1861.

11) **Occident**

ARNOLD O., *Le corps et l'âme*, Seuil, 1984.

DAVY, RENNETEAU, *La lumière dans le christianisme*, Le Félin, 1989.

IGNACE DE LOYOLA, *Exercices spirituels*, J. de Grégord, 1948.

PASCAL B., *Pensées et opuscules*, Hachette, 1929.

WOSIEN M.-G., *La danse sacrée*, Seuil, 1974.

12) **Mystique et extase**

AIME M., *Métanoïa, phénomènes physiques du mysticisme*, Albin Michel, 1986.

BERGSON H., *Les deux sources de la morale et de la religion*, 1932, in *Œuvres*, P.U.F., 1959.

BOUTROUX E., « Psychologie du mysticisme », *Bull. Inst. Psychol.*, 102.

CHUZEVILLE J., *Les mystiques allemands*, Grasset, 1935.
— , *Les mystiques italiens*, Grasset, 1942.
— , *Les mystiques espagnols*, Grasset, 1952.

DELACROIX H., *Études d'histoire et de psychologie du mysticisme*, Paris, 1908.

DESCAMPS, DAVY, DE VITRAY-MEYEROVITCH, *L'amour transpersonnel*, Édit. Trismégiste, 1989.

DESCAMPS, ANDRES, LELOUP, PIR VILAYAT, TARCHIN, *Mystique et Transpersonnel*, Édit. Trismégiste, 1991.

DESOILLE R., *Exploration de l'affectivité subconsciente*, d'Artrey, 1938.

IMBERT-GOURBEYRE, *La stigmatisation et l'extase divine*, Amat, 1894.

JANET P., *De l'angoisse à l'extase*, Alcan, 1926.
— , *Qu'est-ce que la mystique ?* Paris, 1925.

LAMBALLE, *La contemplation ou principe de théologie mystique*, Paris, 1912.

LEROY O., *La lévitation*, Juvisy, 1928.

LEUBA J.-H., *Psychologie du mysticisme religieux*, Paris, 1930.

LHERMITE J., *Mystiques et faux mystiques*, Bloud et Gay, 1952.

MARÉCHAL J., *Études sur la psychologie des mystiques*, Alcan, 1931.

MASSON-OURSEL P., *Principes de philosophie comparée*, Alcan, 1924.

OTTO R., *Mystiques d'Orient et mystiques d'Occident*, Payot, 1951.

PACHEU J., *Introduction à la psychologie des mystiques*, Paris, 1901.

— , *L'expérience mystique et l'activité subconsciente*, Paris, 1911.

RASY E., *La première extase*, Éditions Rivage, 1987.

ROSENFELD E., *Vingt-cinq façons de connaître les paradis artificiels sans drogue*, Ottawa, édit La Presse, 1974.

SCHIFF J.-M., *L'espace intérieur*, Retz, 1977.

SEROUYA H., *Le mysticisme*, P.U.F., 1956.

THURSTON, *Les phénomènes physiques du mysticisme*, édit. du Rocher, 1986.

VUARNET J.-N., *Extases féminines*, Hatier, 1991.

WEIL P., *Anthologie de l'extase*, Question de, n° 77, Albin Michel, 1989.

TABLE DES MATIÈRES

ACHEVÉ D'IMPRIMER
EN OCTOBRE 1992
SUR LES PRESSES DE
L'IMPRIMERIE DU PAQUIS
70400 HÉRICOURT
DÉPÔT LÉGAL : 4e TRIMESTRE 1992